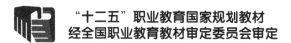

"十二五"职业教育国家规划教材
经全国职业教育教材审定委员会审定

总顾问◎皮细庚

总主编◎张厚泉　副总主编◎吕雷宁

新实用职业日语

综合教程·学生用书

本册主编◎张厚泉

本册副主编◎吕雷宁

2

第2版

 华东师范大学出版社
·上海·

图书在版编目(CIP)数据

新实用职业日语综合教程学生用书.2/张厚泉主编.
—2版.—上海:华东师范大学出版社,2023
ISBN 978-7-5760-4662-5

Ⅰ.①新… Ⅱ.①张… Ⅲ.①日语－高等职业教育－教材 Ⅳ.①H36

中国国家版本馆 CIP 数据核字(2024)第 025339 号

新实用职业日语 综合教程 学生用书 2(第二版)

主　　编　张厚泉
责任编辑　孔　凡
装帧设计　俞　越

出版发行　华东师范大学出版社
社　　址　上海市中山北路 3663 号　邮编 200062
网　　址　www.ecnupress.com.cn
电　　话　021-60821666　行政传真 021-62572105
客服电话　021-62865537　门市(邮购)电话 021-62869887
地　　址　上海市中山北路 3663 号华东师范大学校内先锋路口
网　　店　http://hdsdcbs.tmall.com

印 刷 者　常熟市文化印刷有限公司
开　　本　787 毫米×1092 毫米　1/16
印　　张　11.25
字　　数　201 千字
版　　次　2024 年 7 月第 1 版
印　　次　2024 年 7 月第 1 次
书　　号　ISBN 978-7-5760-4662-5
定　　价　38.00 元

出 版 人　王　焰

(如发现本版图书有印订质量问题,请寄回本社客服中心调换或电话 021-62865537 联系)

新实用职业日语 综合教程
学生用书2(第二版)

总 顾 问　皮细庚

总 主 编　张厚泉

副总主编　吕雷宁

本 册 主 编　张厚泉

本册副主编　吕雷宁

总序

党的十八大以来,以习近平同志为核心的党中央把职业教育摆在了前所未有的突出位置。国务院《国家职业教育改革实施方案》(国发〔2019〕4号)指出,职业教育和普通教育是两种不同的教育类型,具有同等重要地位。《国家职业教育改革实施方案》的总体要求与目标是,以习近平新时代中国特色社会主义思想为指导,把职业教育摆在教育改革创新和经济社会发展中更加突出的位置。牢固树立新发展理念,服务建设现代化经济体系和实现更高质量更充分就业需要,对接科技发展趋势和市场需求,完善职业教育和培训体系,优化学校、专业布局,深化办学体制改革和育人机制改革,以促进就业和适应产业发展需求为导向,鼓励和支持社会各界特别是企业积极支持职业教育,着力培养高素质劳动者和技术技能人才。本教材是高职日语精读系列教材,根据国家对高职院校的战略定位,按照国务院发布的《国家职业教育改革实施方案》的改革要求,在"'十二五'职业教育国家规划教材"审定的基础上,针对当前高职学生的学习特点进行了第二版修订。

本次修订适应了数字化时代的发展趋势,同时制作了数字版本教材。结合高职学生的特点和就业岗位群的要求,采取句型编写法,即遴选出要求高职学生掌握的语法项目和句型,根据难易程度排序,并在此基础上配置难易程度相当的词语编写课文和会话;词汇选用注重商务、科技、旅游类的词语,并保持循序渐进的递增;文章选用上亦注重题材的多样性。场景突出真实性和实用性,语法和词语讲解简明易懂、清晰明快,符合并能够满足高职院校学生的实际需要。

本教材在编写过程中充分考虑到学习过程的输入与输出、语言与文化、知识与能力素养、个人与社会、历史与现实、理科与人文的多维交叉和相互渗透。整套教材不仅蕴含了丰富的日语语言资源与文化信息,还精选了学校生活、中日文化交流、商务日语等各类实际语境材料,与时俱进,提供了最新的日本社会世情、人文生活信息。

编写组全体人员和华东师范大学出版社寄希望本教材能够起到全国高职院校的日语核心课程教材的示范作用,对促进我国高等职业教育的日语教学的教材建设和课程建设、切实提高我国日语职业教育人才的质量起到积极的推动作用。

上海外国语大学教授、博导 皮细庚

使用说明

● **教材定位**

本系列教材是按照国务院发布的《国家职业教育改革实施方案》(国发〔2019〕4号)的最新要求、根据国家对高职院校的战略定位、针对高职学生的培养要求和特点编写的高职日语精读教材。

● **编委会**

根据国务院发布的《国家职业教育改革实施方案》(国发〔2019〕4号)的最新要求,本教材编委会本着跨区域、跨学校联合编写教材的精神,坚持行业指导、企业参与、校企合作的教材开发机制,以上海、北京等地高校、高职高专的日语教材专家、与日语用人单位密切相关的跨国公司人员为主,共同组成了编写组,为编写出符合教育部要求的高质量教材提供了保障。

总顾问

皮细庚(上海外国语大学教授、博士生导师)

总主编

张厚泉(上海财经大学教授、东京大学访问研究员、博士)

副总主编

吕雷宁(上海财经大学副教授、关西学院大学客座教授、博士)

编委会成员

中方

  皮细庚 上海外国语大学教授、博导

  张厚泉 上海财经大学教授、东京大学访问研究员、博士

  吕雷宁 上海财经大学副教授、关西学院大学客座教授、博士

孔繁志　首都师范大学教授、博士

孙　伟　首都师范大学副教授、博士

日方

小林　孝郎　　拓殖大学（日）教授

野元千寿子　　原立命館アジア太平洋大学（日）教授

吉田　修作　　原卡西欧上海贸易有限公司　总经理

● 编写说明

本系列教材课文的框架、情节、场景、语法点由总主编会同各册主要编写人员设计，课文和会话的初稿由中日双方的日语专家共同编写或改编，并由总顾问、总主编、副总主编根据高职日语专业教学大纲调整、修改。

本套教材在充分考虑到高职高专的教学培养目标、学习对象的特点、理论与时间的课时比例、教学课时数等基本情况之外，具有以下特点。

教材由学生用书、教师用书、练习与测试三个系列各2册对应组成，打造了一个学生学习、教师传授、练习巩固的综合性立体平台。

近年，日语教材越编越厚，高等院校的日语教材几乎与职业教育的教材几无区别，失去了高等教育、职业教育教材应有的定位和特色。本套教材在还原高职日语专业教材以本色方面做出了较大的努力。

1. 学生用书

在框架设计上，主要注重编选跨文化比较的知识点。在设计故事情节、场景设置、语言的自然运用等方面，尽量选编贴近高职学生的生活和兴趣点的话题，反映了时代变化，如目前中国和日本两国使用范围很广的"社交平台""智能手机"等。

初级第二册增加了"短文阅读"学习，在内容方面，选编既有深度又有广度，充满积极向上的人生观、价值观、工作观的文章，以帮助学生平稳过渡到实习、工作阶段。

传统的语法和词语的解释则部分放进"教师用书"里，力求减轻学生学习负担。

2. 教师用书

对每课的教学目标、语法与词汇等知识要点、教学建议、补充资料、教学安排等，提供具有教案

功能的建议、参考答案及译文,为教师提供教学抓手。

3. 练习与测试

供学生课堂上补充练习或课堂外自测使用,单册内有综合测试,可供教师考试出题时参考。题型编写时我们注重:

- 结合"高职高专日语专业教学大纲"培养要求,设计应用型练习·测试题型;
- 结合日本语能力考试(JLPT)出题标准考试题型,设计模拟测试题型;
- 结合实用日语考试(J.TEST)出题标准和考试题型,设计模拟测试题型。

4. 配套音频、教学课件以及数字化版本教材

本套综合教程配套音频、教学课件以及数字化版本教材,为教师提供专业的教学支撑服务。

● 编写特色

高等职业教育的课程目标是全面贯彻党的教育方针,培育和践行社会主义核心价值观,落实立德树人的根本任务,培养具有中国情怀、国际视野,能够在日常生活和职场中用日语进行有效沟通的高素质技术技能人才。本教材在党的教育方针的指引下,在编写方面具有以下特色:

1. 场景设置

以现代艺术、时尚设计为主线,设置了时尚、艺术、动漫、社交媒体、娱乐设施、建筑、交通、餐饮、体育等场景,尤其是职场文化和企业文化,是学生形成跨文化交际能力、坚定文化自信的基石。通过故事情节和场景的设置,使学生自然而然在故事场景中,正确理解和掌握语法要点和词语,在跨文化比较的语境里形成语言交际能力、传播本国文化的能力,从而达到能够自然地运用日语进行交流、从事相关职业的工作目的。

2. 语法学习

以传统的"学校语法"为基础,兼顾介绍日本对外日语教学的语法术语。在语法学习方面,从比较文化角度寻找跨文化的差异点,并将其在适当的场景中自然地反映到语法学习中去。如:在学习初级语法的「V(て形)からV」的时候,是「朝ご飯を食べてから歯を磨く」,还是「歯を磨いてから朝ご飯を食べる」,反映了中日两国民众完全不同的思维和生活习惯。如果只是「朝ご飯を食べてから学校へ行く」之类的话,就无法反映多文化的差异。中级教材亦贯彻了此项宗旨,使学生在学习语法知识点的同时,理解并掌握跨文化知识,达到提高学生的跨文化交际能力、进而提高传

播本国文化的日语能力的教学目的。

3. 词汇学习

日语"学校语法"最重要的概念是"文节",所谓"文节",是指自立词(名词、动词等)与后续的助词组成的发音单位。日语语法中有"句法论"和"词汇论"之分,本套教材从语言学习的角度考虑,不仅对词义进行解释,针对有一定使用难度的词语还从"词汇论"的角度,即词是如何构成"文节"的角度,通过课文和练习的例句对词的实际使用时的搭配进行讲解。

4. 结合日语能力考试

从高职高专的特点出发,在达到教育部《高等职业学校专业教学标准》要求的基础上,注重国家人力资源和社会保障部的职业日语考试的要求,兼顾了日本语能力考试、实用日语考试出题标准和考试形式。

主要内容

新学期开学了,刘晶晶回国后为同学们作访问日本的汇报,并配合渡边康夫老师(男)一起指导学弟学妹的学习生活。最后,由小刘、小黄和小金组成的演剧小组通过选拔,获得代表学校参加"川南市日语演剧大赛"的机会。

目次

第1課　劉さんはパワーポイントを使いながら、プレゼンをしています …………… 1

第2課　アニメの中で「隣のトトロ」がいちばん好きです ………………………… 11

第3課　渡辺先生も会場へ聞きに来ました ………………………………………… 21

第4課　桜が咲いて、だんだん暖かくなりました ………………………………… 33

第5課　金さんは寝る前に、必ずメールをチェックします ……………………… 44

第6課　リニアモーターカーは新幹線より速いです ……………………………… 55

第7課　インターネットもあるし、お風呂もあるし、慣れました ……………… 64

第8課　南京東路は歩行者天国で、車は通ってはいけません …………………… 72

第9課　見るのはパンダだけでいいのです ………………………………………… 81

第10課　上海料理は辛くないから、日本人の口に合うかもしれません ………… 91

第11課　金さんは料理の名前も日本語で説明することができました …………… 102

第12課　わたしは日本に留学しようと思います …………………………………… 115

第13課　留学か就職か迷っていますが、どうしたらいいですか ………………… 127

第14課　劉さんたちは演劇の台本を書いてみました ……………………………… 137

第15課　感謝のことばを忘れないように、きちんと挨拶します ………………… 148

词汇表 ……………………………………………………………………………………… 158

扩展単词 …………………………………………………………………………………… 162

语法表 ……………………………………………………………………………………… 164

第 1 課

劉さんはパワーポイントを使いながら、プレゼンをしています

場
面

小刘回国后,就访日情况向老师和同学们作了汇报。在王老师的指导下做了各方面的准备,终于顺利完成了汇报发表。

I. 学習ポイント　文法機能・文型

1. 劉さんはパワーポイントを使いながら、プレゼンをしています。

   休みのとき、いっしょに練習しましょう。

2. 先生も若いとき、苦労しました。

   劉さんは暇なとき、日本語のホームページを見ます。

3. 美咲さんは朝ご飯を食べてから、歯を磨きます。

4. 1号棟はまっすぐ行って、突き当りを右に曲ってください。

5. 日本語祭りは雨が降っても、行います。

II. 基本会話

1. A：劉さん、歩きながら、団子を食べないでください。
   B：はい。すみません。
2. A：王先生、プレゼンのとき、何かコツはありますか。
   B：ゆっくり、はっきり、大きい声で話します。
   A：でも、日本語の発音は難しいです。
   B：大丈夫です。休みのとき、いっしょに練習しましょう。先生も若いとき、苦労しましたよ。
   A：本当ですか。お暇なときで結構ですから、お願いいたします。
3. A：ホームステイは楽しかったですか。
   B：はい。でも、ホームステイ先の美咲さんは、朝食を食べてから、歯を磨きます。驚きました。
   A：そうですか。私たちはほとんど、歯を磨いてから、朝食を食べますね。おもしろいですね。
4. A：王先生、プレゼンの教室はどこですか。
   B：1号棟の254番教室です。1号棟はまっすぐ行って、突き当りを右に曲ってください。
   A：分かりました。ありがとうございます。
5. A：来週火曜日の「春爛漫」日本語祭りは学生活動センターで行います。
   B：雨でも行いますか。
   A：室内ですから、雨が降っても、大丈夫です。

III. 応用会話

(汇报发表前，王老师和小刘交谈。)

王　先生：来週、いよいよ報告会ですね。プレゼンの準備は進めていますか。

劉　さん：はい。プレゼンははじめてです。何かコツはありますか。

王　先生：スライドを送りながら、ゆっくり、はっきり、大きい声で話します。何度も練習してください。

劉　さん：はい。分かりました。でも、日本語の発音は難しいです。

王　先生：大丈夫です。休みのとき、わたしが教えます。わたしも若いとき、苦労しましたよ。

劉　さん：本当ですか。お暇なときで結構ですから、お願いいたします。

(汇报发表的当天。)

渡辺先生：王先生、プレゼンの教室はどこですか。

王　先生：1号棟の254番教室です。1号棟はまっすぐ行って、突き当りを右に曲ってください。

渡辺先生：分かりました。ありがとうございます。

(小刘在报告会上作发表。)

劉　さん：三年の劉晶晶です。これから、日本見学の内容と感想を報告します。よろしく、お願いします。日本で、まず、東京モダン芸術学院の見学やホームステイの体験をしました。そして、ディズニーランドやお台場へ行きました。さらに、ジブリ美術館や都庁の展望台も行きました。おかげさまで、素晴らしい体験をしました。

学生　A：ホームステイは楽しかったですか。

劉　さん：はい。でも、ホームステイ先の鈴木家の人は、朝食を食べてから、歯を磨いていました。私たちはほとんど、歯を磨いてから、朝食を食べますから、それを見て、驚きました。

学生　B：日本の印象はどうでしたか。

劉　さん：とてもきれいな国でした。ゴミ箱は少なかったですが、ゴミはほとんどありませんでした。不思議でした。

学生　C：物価は本当に高かったですか。

劉　さん：そうですね。高かったです。でも、牛乳は安かったですね。

王　先生：そろそろ時間ですから、報告会はこの辺で終了します。来週火曜日の日本語祭りですが、学生センターで行います。みなさん、ぜひ参加してください。

学生　D：来週の火曜日は雨ですよ。雨でも行いますか。

王　先生：室内ですから、雨が降っても、大丈夫です。全員参加してください。

Ⅳ. 新しい単語

表記/読み/アクセント	品詞/意味
パワーポイント④	[名]幻灯片
使う(つかう)◎	[他五]使用
プレゼン②◎	[名]计划,设想介绍
朝ご飯(あさごはん)③	[名]早饭
歯(は)①	[名]牙齿
磨く(みがく)◎	[他五]磨,刷
祭り(まつり)◎	[名]祭奠,节日
降る(ふる)①	[自五]降,下
行う(おこなう)◎	[他五]进行,举行
団子(だんご)◎	[名]糕团
コツ◎	[名]要领
ゆっくり③	[副・自サ]慢慢地
はっきり③	[副・自サ]清楚地,清晰地
声(こえ)①	[名]声音
話す(はなす)②	[他五]说话,讲
練習(れんしゅう)◎	[名・他サ]练习
苦労(くろう)①	[名・形動・自サ]艰苦,费事
暇(ひま)◎	[名・形動]空闲
先(〜さき)◎	[接尾]目的地

续表

表記/読み/アクセント	品詞/意味
1号棟(いちごうとう)③	[名]1号楼
まっすぐ④	[副]一直
突き当り(つきあたり)⓪	[名]尽头
曲がる(まがる)⓪	[自五]拐弯,转弯
分かる(わかる)②	[自五]明白,知道
室内(しつない)②	[名]室内
報告会(ほうこくかい)⓪④	[名]报告会
準備(じゅんび)①	[名・他サ]准备
進める(すすめる)⓪	[他一]向前进,推进
スライド⓪	[名]幻灯片
送る(おくる)⓪	[他五]发,送,送行,传送
何度(なんど)①	[名・副]几次
内容(ないよう)⓪	[名]内容
更に(さらに)①	[副]更,更加
素晴らしい(すばらしい)④	[形]出色的,极好的
印象(いんしょう)⓪	[名]印象
物価(ぶっか)⓪	[名]物价
この辺(このへん)⓪	[名]这附近,周围
終了(しゅうりょう)⓪	[名・自他サ]终了,结束
是非(ぜひ)①	[副]务必,一定
参加(さんか)⓪	[名・自サ]参加

V. 学習ポイント解釈

1. ［動・マス形］ながら、～

　　动词连用形的「マス形」后接「ながら」后接续另一个动词,表示两个同时进行的动作或状态。通常,「ながら」后面的是主要动作或状态。相当于汉语的"一边……一边……"的意思。

- ◆ 劉さんはパワーポイントを使いながら、プレゼンをしています。（小刘一边播放幻灯片,一边讲解说明。）

- ◆ 聞きながら、書いてください。（请一边听,一边记录。）

2. [形]/[形動な]/[名の]とき、～

形容词、形容动词和名词与「とき」连接，表示与此同时发生其他事情或处于某种状态。

若い		とき
暇	な	
ホームステイ	の	

- 王先生も若いとき、苦労しました。（老师年轻的时候也遇到过很多困难。）
- 劉さんは暇なとき、日本語のホームページを見ます。（小刘空闲的时候看日文网站。）
- 休みのとき、いっしょに練習しましょう。（课间休息时我们一起练习吧。）

3. [動・テ形]てから、～

动词连用形的「テ形」后接「てから」，是表示两个动作相继发生的表达方式，意思是做完某件事之后，再做另一件事。相当于汉语的"做完……之后再做……""……然后……"的意思。

- 美咲さんは朝ご飯を食べてから、歯を磨きます。（美咲小姐吃过早饭后刷牙。）
- 私達はほとんど、歯を磨いてから、朝食を食べます。（我们大多是吃完早饭后刷牙。）

4. [名]を（通過）[動]

助词「を」除了表示动作的对象、目的之外，还可以表示途径、通过某地的意思。后续动词多表示前行、前进的意思。

- 1号棟はここからまっすぐ行って、突き当りを右に曲ってください。（一号楼从这儿一直走，走到底后右拐。）
- 左側を歩いてください。（请走左边。）

5. [動・テ形]ても/[名詞]でも、～（極端例）

在第一册的第11课，我们学习了表示逆接的转折表达「でも、～」。本课的动词连用形（テ形）＋ても，用于表示「ても」的前半句内容成立时，后半句一般也应该成立、但事实上却又没有成立的意思。五段动词拨音便、ガ行イ音便及名词、形容动词词干后面接「でも」。

- 上から読んでも下から読んでも「山本山」です。（从上往下念，从下往上念，都念"山本山"。）

- 室内ですから、雨が降っても、大丈夫です。（是在室内，所以，下雨也没关系的。）
- 雨でも行いますか。（下雨也举行吗？）

如果后句是「できる」等表示能力的动词的话，往往含有轻视、蔑视的意思，不太礼貌，使用时需要注意。

- これは子どもにでもできます。（这个连小孩子都会〈大人还不会啊？〉）
- これは大人でもできません。（这个就是大人也不会〈小孩子怎么能行呢？〉）

VI. 読みましょう

わたしの一日

わたしは寮に住んでいます。毎朝6時に起きます。歯を磨いてから、学校の食堂へ行きます。食堂は朝6時から9時まで、昼11時から1時まで、夜5時から7時までです。一日3回食堂でご飯を食べます。朝ご飯を食べてから、授業が始まるまで予習をします。午前の授業は8時から11時35分までです。朝ご飯は一人で食べますが、昼ご飯はいつも友達といっしょに食べます。ラーメンや豚の角煮がおいしいです。

午後の授業は1時半から5時までです。授業が終わってから、図書館で宿題をして、本を読みます。午後の授業がないとき、お茶を飲みながら友達と話します。とても楽しいです。夜、授業がある日もあります。その日は晩ご飯を急いで食べます。

寮に帰ってから、シャワーを浴びます。シャワーを浴びながら歌を歌います。シャワーを浴びてから、大きい声で日本語の本を読みます。少しはずかしいですが、大きい声をだして練習します。ときどき友達といっしょにCDを聞きながら練習します。そしてメールのチェックをします。毎晩12時ごろ寝ます。

これが、わたしの一日です。

注 よしゅう（予習）⓪：预习　　　　　　おわる（終わる）⓪：结束
しゅくだい（宿題）⓪：课后作业

練習 A　文法練習

一、[例]　劉さん/ホームステイ/鈴木さんの家/泊まる

　　→　劉さんはホームステイのとき、鈴木さんの家に泊まりました。

1. 上原さん/学生/東京/住む
2. 藤原さん/学生/中国語/勉強する
3. 王先生/留学生/レストラン/アルバイトをする
4. 渡辺先生/大学生/野球/する

二、[例]　劉さん/暇/図書館/行く

　　→　劉さんは暇なとき、図書館へ行きます。

1. 渡辺先生/忙しい/コンビニ/弁当/買う
2. 橋本さん/休み/ビール/飲む
3. 上原さん/休み/恋人/電話をする
4. 金さん/パーティー/歌/歌う

三、[例]　歯を磨く/朝ご飯を食べる

　　→　歯を磨いてから、朝ご飯を食べます。

1. ご飯を食べる/歯を磨く
2. ジョギングする/シャワーを浴びる
3. 歯を磨く/寝る
4. 新聞を読む/出かける

四、[例]　音楽を聞く/掃除する

　　→　音楽を聞きながら、掃除します。

1. ジュースを飲む/テレビを見る
2. 歌を歌う/ピアノを弾く
3. 新聞を読む/パンを食べる

4. テレビを見る/勉強する

五、[例]　あした/コンサート/雪/降る/行く

　　→　あしたのコンサートは雪が降っても行きます。

1. 来週/運動会/雨/行う

2. あした/試験/熱が出る/参加する

3. この腕時計/プール/大丈夫

4. 冷蔵庫/ケーキ/全部食べる/いい

練習B　会話練習

一、[例]　テレビ/見る/勉強/する

　　→　A:わたしは　テレビを見ながら　勉強をします。鈴木さんは?

　　　　B:そうですね。わたしは勉強をするとき、テレビを見ません。

1. お菓子/食べる/コーヒー/飲む

2. 映画/見る/ポップコーン/食べる

3. 音楽/聞く/お茶/飲む

二、[例]　日本へ来る/テレビを見る

　　→　A:おいしいです。料理が上手ですね。

　　　　B:ありがとうございます。日本へ来てから、テレビを見て、覚えました。

　　　　A:そうですか。

1. 北京へ来る/本を読む

2. 会社に入る/友達に聞く

3. 高校を出ます/母に教わる

三、[例]　大学生のとき/キャンパス/走る

　　→　A:スポーツは何が好きですか。

　　　　B:マラソンです。

A:ええ、すごいですね。

B:大学のとき、毎日キャンパスを走っていました。

1. 大学のとき/競技場(きょうぎじょう:田径场)

2. 高校のとき/一人/学校のまわり

3. 中学のとき/公園の中

四、日汉翻译

1. 夏休みのとき、家族といっしょに大阪へ行きます。

2. 晩ご飯を食べてから、図書館に行きます。

3. 音楽を聞きながら、公園を散歩します。

4. 銀行はこの信号を渡って、右の建物です。

5. 私は中国に帰っても、日本語を勉強します。

五、汉日翻译

1. 我大学时,是棒球运动员。

2. 小刘每天看了日语报纸之后才睡觉。

3. 小李上课时,边听课边做作业。

4. 公共汽车通过车站,却没有停下来。

5. 这个表格用圆珠笔填写也没有关系。

理解当代中国

习近平总书记在庆祝中国共产党成立100周年大会上的讲话中指出:经过全党全国各族人民持续奋斗,我们实现了第一个百年奋斗目标,在中华大地上全面建成了小康社会,历史性地解决了绝对贫困问题,正在意气风发向着全面建成社会主义现代化强国的第二个百年奋斗目标迈进。这是中华民族的伟大光荣!这是中国人民的伟大光荣!这是中国共产党的伟大光荣!

https://www.gov.cn/xinwen/2021-07/01/content_5621847.htm 中华人民共和国中央人民政府

第2課
アニメの中で「隣のトトロ」がいちばん好きです

新登場人物

渡辺康夫（わたなべやすお）　日语教师　男性　55岁
黄さん（こう）　　　　　　小刘的同班同学　女性

场景

下课后，小刘和渡边老师还有小黄一边谈话一边向食堂走去。话题涉及动漫、个人爱好等各方面。

I. 学習ポイント　文法機能・文型

1. それは「モノレール」という電車です。
2. チケットは事前に買う必要があります。

3. わたしは「隣のトトロ」が好きです。

4. わたしはアンパンマンのキーホルダーがほしいです。

5. わたしはアニメの中で「隣のトトロ」がいちばん好きです。

Ⅱ. 基本会話

1. A：劉さん、これは電車ですか。

   B：はい。それは「モノレール」という電車です。

   A：え、遊園地のゴンドラみたいで、初めて見ました。

   B：珍しいでしょう？これは横浜へ行く途中で撮った写真です。

2. A：ジブリ美術館は、どうでしたか。

   B：とてもおもしろかったですよ。映画に出たネコバスもありました。

   A：今度、日本に行くとき、わたしも行きます。

   B：ただ、チケットは事前に買う必要があります。

3. A：きょう何を食べますか。

   B：第一食堂へ行きませんか。あそこはカレーがおいしいですよ。

   A：カレーですか。わたしはカレーが嫌いです。

   B：そうですか。じゃ、劉さんは何が好きですか。

   A：わたしは肉が好きです。

4. A：このキーホルダーはかわいいですね。どこで買いましたか。

   B：日本で買いました。ほしいですか。

   A：ほしいです。

   B：はい。お土産です。

   A：本当ですか。ありがとうございます。

5. A：アニメの中で、何がいちばん好きですか。

   B：わたしは「サザエさん」がいちばん好きです。劉さんは？

A：わたしは「隣のトトロ」がいちばん好きです。アンパンマンもおもしろいです。
B：日本は人気アニメが多いですからね。

Ⅲ. 応用会話

（下课后，小刘和渡边老师还有小黄边走边聊，朝食堂走去。）

渡辺先生：きょう何を食べますか。

劉 さん：第一食堂へ行きませんか。あそこはカレーがおいしいですよ。

渡辺先生：カレーですか。わたしはカレーが嫌いではありませんが、苦手ですね。

劉 さん：そうですか。じゃ、先生は何が好きですか。

渡辺先生：わたしは肉が好きです。中国の「紅焼肉」という豚の角煮が好きです。

劉 さん：なるほど。わたしも豚の角煮が大好きです。

黄 さん：じゃ、きょうは豚の角煮を食べましょう。

渡辺先生：黄さんも豚の角煮が好きですか。

黄 さん：わたしは嫌いではありませんが。

（逗得大家都笑了。）

渡辺先生：みなさんはアニメが好きですよね。

劉さん、黄さん：はい。

渡辺先生：アニメの中で、何がいちばん好きですか。

黄 さん：わたしは「サザエさん」がいちばん好きです。劉さんは？

劉 さん：わたしは「隣のトトロ」がいちばん好きです。アンパンマンも好きです。先生は？

渡辺先生：ちょっと古いですが、わたしは鉄腕アトムがいちばん好きです。

黄 さん：わたしも鉄腕アトムが好きですよ。父もファンです。

渡辺先生：そうでしょう？ところで、劉さんはジブリ美術館へ行きましたよね？楽しかったですか。

劉 さん：とても楽しかったですよ。映画に出たネコバスもあって、迷宮みたいに迷いました。

黄　さん：今度、日本に行くとき、私も行きます。
劉　さん：チケットは事前に買う必要がありますから、ちょっと不便ですね。
渡辺先生：そうですね。結構混むでしょう？
劉　さん：はい。お土産売場はいちばんにぎやかでした。これがほしい、あれもほしい。結局、お土産をいっぱい買いました。
黄　さん：プレゼンのときの写真には、ゴンドラみたいな電車がありましたよね？あれは何という電車ですか。
劉　さん：あ、あれはモノレールという電車です。横浜へ行く途中で撮った写真です。
渡辺先生：そうですか。短い期間で、貴重な体験でしたね。

Ⅳ. 新しい単語

表記/読み/アクセント	品詞/意味
事前(じぜん)⓪	[名]事前,事先
必要(ひつよう)⓪	[名・形動]必要,需要
欲しい(ほしい)②	[形]想要
遊園地(ゆうえんち)②	[名]游园地
みたい①	[助動]像……一样,好像
珍しい(めずらしい)④	[形]珍贵的,珍稀的
横浜(よこはま)⓪	[专]横滨
途中(とちゅう)⓪	[名]途中
出る(でる)①	[自一]出去,出来,出发
今度(こんど)①	[名]这次,下次
只/唯(ただ)①	[副]然而,不过
第一(だいいち)①②	[名]第一
カレー⓪	[名]咖喱
サザエさん①	[专]蝶螺太太
アンパンマン③	[专]面包超人
豚の角煮(ぶたのかくに)⓪+⓪	[专]红烧肉
ファン①	[名]粉丝,迷

续表

表記/読み/アクセント	品詞/意味
迷宮(めいきゅう)⓪	[名]迷宫
迷う(まよう)②	[自五]迷惑，犹豫
不便(ふべん)①	[名・形动]不便
売り場(うりば)⓪	[名]售货处，柜台
結局(けっきょく)⓪	[副]总之，最终
短い(みじかい)③	[形]短的，短暂的
期間(きかん)②①	[名]期间
貴重(きちょう)⓪	[形动]珍贵，贵重

Ⅴ. 学習ポイント解釈

1. ［名1］という［名2］

"名词1"是需要说明的、从属于"名词2"的下层概念或有对应关系的概念。「という」所表达的含义为"名词1"的听者、说者或双方都不甚了解的内容。

- ◆ それは「モノレール」という電車です。（那是一种称作单轨列车的轻轨电车。）
- ◆ これは「紅燒肉」という豚の角煮です。（这是叫做"红烧肉"的煮肉块。）

2. ［動・普通体］＋［名］（連体修飾）

动词修饰名词时，可以以动词的连体形、未然形的(「ナイ形＋ない」)、连用形的「テ形＋ている」「夕形＋た」等形式修饰。连体形的形态与终止形相同。

- ◆ チケットは事前に買う必要があります。（门票可是要事先预约的哦。）
- ◆ 映画に出たネコバスもありました。（还有电影里出现的那个龙猫巴士呢。）

3. ［名1］は［名2］が 好きです

助词「は」在这里起提示句子主题的作用，助词「が」表示形容词所修饰的对象。表达好恶、心理情感等感觉的形容词。「好き」「嫌い」「怖い」等。

- ◆ 中国の「紅燒肉」という豚の角煮が好きです。（喜欢中国那种叫做"红烧肉"的那种煮肉块。）

◆ 私は「サザエさん」がいちばん好きです。（我最喜欢《蜷螺太太》。）

4. ［私］は［名1］が欲しいです

「欲しい」是希望得到某种东西的欲望。持有愿望的一般是第一人称，常常被省略。「欲しい」的对象要用格助词「が」表示。

◆ 私はアンパンマンのキーホルダーがほしいです。（我想要面包超人的钥匙圈。）

◆ これがほしい、あれもほしい。（这个想买，那个也想买。）

当询问对方需要什么时，可以用「何がほしいですか」的形式表达。

5. ［名1］の中で［名2］がいちばん［形］/［形動］です

这是一个用于表示在一定的范围内，最具有某种特性的对象的表达方式，格助词「で」表示范围。

◆ 私はアニメの中で「隣のトトロ」がいちばん好きです。（动漫作品中，我最喜欢《龙猫》。）

◆ 日本の山の中で富士山がいちばん高いです。（日本的山岳中，富士山最高。）

Ⅵ. 読みましょう

ディズニーランド

先週の日曜日、香港のディズニーランドに行きました。中に入ってすぐにミッキーマウスに会いました。とてもかわいかったです。

香港ディズニーランドには、7つのテーマランドがあります。ミスティック・ポイントとグリズリー・ガルチは香港だけにあります。スペース・マウンテンは室内ジェットコースターです。暗いところをすごく速いスピードで走ります。ディズニーランドのチケットは450香港ドルです。すごく高いですね。でも、高くても楽しいですよ。

わたしはたくさん乗り物に乗りました。その中でグリズリー・ガルチのジェットコースターがいちばん面白かったです。パレードもきれいで、良かったです。たくさん写真をとりました。

みなさんも、香港ディズニーランドに行って、たくさん乗り物に乗りましょう。とても楽しいですよ。上海のディズニーランドにもまた行きたいです。お金をためて、もう一度遊びに行きます。だれかいっしょに行きませんか。

ミスティック・ポイント③＋⓪：迷离庄园　　　グリズリー・ガルチ②＋①：灰熊山谷
ためる(貯める)⓪：存，存贮

練習

練習A 文法練習

一、［例］ モノレール/電車
　　→　これはモノレールという電車です。

1. スマホ/ケータイ
2. Suica/乗車カード
3. 豚カツ/食べ物
4. ビッグサンダ・マウンテン/アトラクション

二、［例］ 東京駅/行く/バス
　　→　これは東京駅へ行くバスです。

1. 小学生/読む/新聞
2. 子ども/見る/テレビ番組
3. 魚/食べる/エサ
4. 女性/使う/くちべに（くちべに：口红）

三、［例］ 劉さん/撮る/写真
　　→　これは劉さんが撮った写真です。

1. 私/作る/弁当
2. 図書館/借りる/本
3. 友達/くれる/キーホルダー
4. 女性/描く/マンガ

四、［例］ 渡辺先生/肉/好き
　　→　渡辺先生は肉が好きです。

1. 藤原君/ゲーム/好き
2. 上原さん/ヘアメイク/好き
3. 黄さん/肉/嫌い
4. 私/油っぽいもの/嫌い

五、[例] スマホ
　→　私はスマホがほしいです。

1. アイパッド
2. ノートパソコン
3. 仕事
4. 電子辞書

六、[例] アニメ/「隣のトトロ」
　→　私はアニメの中で「隣のトトロ」がいちばん好きです。

1. 山/富士山
2. 外国語/日本語
3. 日本料理/刺身
4. 日本人/渡辺先生

練習B　会話練習

一、[例] 天や/目の前で作る/てんぷら
　→　A:お昼は何を食べますか。
　　　B:天やというお店へ行きませんか。
　　　A:どんなお店ですか。
　　　A:目の前で作るてんぷらのお店です
　　　B:いいですね。行きましょう。

1. 四川飯店(しせんはんてん)/ラー油/ある
2. 横浜飯店/お店で焼いた/北京ダック
3. インド屋/インド人が作る/カレー
4. 軽井沢/目の前で焼く/ステーキ

二、[例] スマホ/音楽を聞く/チャットする
　→　A:劉さんは今、何がいちばんほしいですか。

B:スマホがほしいです。

A:スマホで何をしますか。

B:音楽を聞きながら、チャットします。

1. パソコン/日本のホームページを見る/友達とチャットする
2. ケータイ/LINEでチャットする/洋服を選ぶ
3. アイパッド/お茶を飲む/実況を見る
4. 電子辞書/辞書で調べる/勉強する

三、[例] 科学小説/難しい

A:どんな小説がいちばん好きですか。

B:科学小説がいちばん好きです。

A:え、科学小説ですか。私は科学小説がいちばん嫌いです。難しいですから。

B:わたしは難しいから、好きです。

1. 社会小説/難しい
2. 推理小説/怖い
3. SF小説/よく分からない
4. マンガ小説/つまらない

＊SF(Science Fiction)：科学幻想。

四、日汉翻译

1. これはスペース・マウンテンというアトラクションです。
2. 朝ご飯を食べない人が多いです。
3. わたしは刺身が好きです。味噌汁が嫌いです。
4. わたしは自転車がほしいです。
5. スポーツの中でテニスがいちばん好きです。

五、汉日翻译

1. 日本有一个叫做台场的地方，很漂亮。
2. 晚上不刷牙的人不多。

3. 我喜欢散步,但是讨厌蚊子。

4. 我想要一台新的电脑。

5. 山岳中,我最喜欢黄山。

 理解当代中国

　　2012年11月29日,中共中央总书记、国家主席、中央军委主席习近平在参观《复兴之路》展览时发表讲话首次提出中国梦。他指出实现中华民族伟大复兴,就是中华民族近代以来最伟大的梦想。这个梦想,凝聚了几代中国人的夙愿,体现了中华民族和中国人民的整体利益,是每一个中华儿女的共同期盼。这个梦想既是国家的、民族的,也是每一个中国人的,归根到底是人民的梦。实现中国梦必须走中国道路,弘扬中国精神,凝聚中国力量。

　　http://japanese.china.org.cn/politics/txt/2021-01/20/content_77134451.htm 中国网

第3課

渡辺先生も会場へ聞きに来ました

一天，小刘和藤原同学一起在LINE上聊天，说到了留学的事情。到了周末晚上，小刘回家和父母亲商量起留学一事。小刘少年时曾在日本读书，一直到小学三年级才回国。因此，在家里也偶尔会用日语和父母沟通。

I. 学習ポイント　文法機能・文型

1. わたしも日本へ留学に行きたい。
2. 渡辺先生も会場へ聞きに来た。
3. 就職活動をしている。
4. やはりお母さんの手料理はおいしいね。
5. お父さんも日本に留学していたが、大変だったよ。
6. 晶晶はもう大人だ。

II. 基本会話

1. A：就職先は決まった？
   B：いいえ、就職は考えていない。
   A：じゃ、どうするの？
   B：アメリカへ行って、さらに勉強したいんだ。
   A：そうか。わたしも日本に留学したい。

2. A：プレゼンはどうだった？
   B：たくさんの学生が聞きに来たよ。渡辺先生も会場へ聞きに来た。
   A：そう。聞きに行きたかったなあ。
   B：ほんとう？これは嘘も方便だね。

3. A：晶晶はもう3年生だね。就職活動をしているか。
   B：はい。でも、最近、日本留学のことを考えているよ。
   A：留学か。お父さんも日本に留学していたが、大変だったよ。
   B：大丈夫だよ。日本は近いから、いいでしょう。
   C：お母さんも反対はしないけど、一人娘だから、離れたくないわ。
   A：晶晶はもう大人だ。お父さんは応援するよ。

III. 応用会話

（小刘和藤原同学在LINE上交流，谈到了近况，也谈到了留学的事情。）

劉　さん：お久しぶり。就職先は決まった？

藤原　君：ううん、就職は考えてないよ。

劉　さん：ええ？

藤原　君：アメリカへ行って、さらに勉強したい。

劉　さん：そう？カッコイイ♪(＊ノ∀ノ)　わたしも日本に留学したい。

藤原　君：いいね。ところで、プレゼンはどうだった？

劉　さん：たくさんの学生が聞きに来たよ。渡辺先生も会場へ聞きに来た。
藤原　君：そうか。僕も聞きに行きたかったけどさ。
劉　さん：これは嘘も方便だね。
藤原　君：そんなことはないよ。でも、留学は簡単なことではないから、ご両親に相談してください。
劉　さん：はい。ありがとう。

（周末回家以后，小刘鼓足勇气和父母商量了想去日本留学的想法。）

お父さん：晶晶はもう3年生だね。就職活動をしているか。
劉　さん：はい。でも、最近、日本留学のことを考えているよ。
お父さん：日本留学か。お父さんも日本に留学していたが、大変だったよ。
劉　さん：大丈夫だよ。日本は近いから、いいでしょう。
お母さん：お母さんも反対はしないけど、一人娘だから、離れたくないわ。
お父さん：晶晶はもう大人だ。日本へ留学に行きたい気持ちは分かる。お父さんは応援するよ。
劉　さん：いいよね？ありがとう。

Ⅳ. 新しい単語

表記/読み/アクセント	品詞/意味
渡辺（わたなべ）⓪	[专]渡边（姓氏）
会場（かいじょう）⓪	[名]会场
来る（くる）①	[自サ]来
やはり②	[副]仍旧,与预想一样
お母さん（おかあさん）②	[名]妈妈,母亲
お父さん（おとうさん）②	[名]爸爸,父亲
手料理（てりょうり）②	[名]自家菜肴,亲手做的菜
もう①	[副]已经,快要
大人（おとな）⓪	[名]大人
考える（かんがえる）④	[他一]考虑,思考

续表

表記/読み/アクセント	品詞/意味
嘘(うそ)①	[名]谎言,假话
方便(ほうべん)①	[名]权宜之计
最近(さいきん)⓪	[名]最近
反対(はんたい)⓪	[名・形动・自サ]反对
娘(むすめ)③	[名]女儿
離れる(はなれる)③	[自一]离开,分离,相距
応援(おうえん)⓪	[名・他サ]援助,支持,声援
ううん⓪	[叹]不
両親(りょうしん)①	[名]父母,双亲
相談(そうだん)⓪	[名・他サ]商量,磋商
けど①	[接]口语,表示转折

Ⅴ. 学習ポイント解釈

1. 日本語の文体——丁寧体と普通体

　　日语的文体分敬体和简体。本课之前,我们学习的都是以「です」「ます」结尾的形式,这种以「です」「ます」结尾的文体称为敬体。与之相对,以「だ」或「である」结尾的文体称为简体。日常生活中,家人或朋友之间的会话虽然多用简体,但是,「だ」的简体只用于日记,或长辈对晚辈、上级对下级的发话。晚辈、下级则必须使用敬体。即便是同辈也多用敬体。而「である」则多用于论文。

　　简体如果使用不当会引起对方的误解或不快。因此,对于初学者来说,为了避免发生不必要的误会,希望大家尽量使用敬体,不要过于模仿动漫中的对话。另外,在同一篇文章里,敬体和简体不能混合使用。

　　动词、形容词、形容动词、名词在简体句子中作谓语时有一定的活用规律,其规则如下:

品詞(词类)	丁寧体(敬体)	普通体(简体)
動詞	～ます→	终止形(辞书形)
	～ません→	～ナイ形＋ない
	～ました→	～タ形＋た(だ)
	～ませんでした→	～ナイ形＋なかった

续表

品詞(词类)	丁寧体(敬体)	普通体(简体)
形容詞	〜です→	〜い
	〜くないです→	〜くない
	〜かったです→	〜かった
	〜くなかったです→	〜くなかった
形容動詞	〜です→	〜(だ)
	〜じゃありません→	〜じゃない
	〜でした→	〜だった
	〜じゃありませんでした→	〜じゃなかった
名詞	〜です→	〜だ
	〜じゃありません→	〜じゃない
	〜でした→	〜だった
	〜じゃありませんでした→	〜じゃなかった

2. [動・マス形]＋たい

动词「マス形」后续「たい」,构成「動詞＋たい」的形式,表示说话人实现某种动作或行为的欲望。

◆ 私も日本へ留学に行きたい。(我也想去日本留学。)

◆ きょうは 何も 食べたくない。(今天我什么都不想吃。)

疑问句时,主体多为第二人称。但是,一般陈述句不能表达第二人称或第三人称的愿望。

● あなたは 何が 食べたい?(你想吃什么?)

× 劉さんは 焼肉が 食べたい。

3. [名１](場所)へ[名２]/[動・マス形](目的)に＋行く/来る

表示移动的目的,即去某地做某事时,可以用「名１へ名２に行く/来る」的表达形式,相当于汉语的"到……去做……"。句中,助词「へ」表示移动的方向,助词「に」表示移动的目的。移动的目的由动词承担时,要用动词的「マス形」。

◆ 渡辺先生も会場へ聞きに来た。(渡边老师也来会场了。)

◆ 僕も聞きに行きたかったけどさ。(我也好想去听啊。就是……)

4. ［名］は［動］（普通体）

(1) 简体动词句的现在肯定形式是将敬体的形式（ます体）变为简体形式。

劉さんは北海道へ 行き~~ます~~ ⇒劉さんは北海道へ旅行に行く

◆ 劉さんは北海道へ旅行に行く。（小刘去北海道旅游。）

(2) 简体动词句的现在否定形式是将敬体的「ません」变为「ない」。

劉さんは 北海道へ 行き~~ません~~ ⇒劉さんは 北海道へ 行かない

◆ 劉さんは 北海道へ 旅行に 行かない。（小刘不去北海道旅游。）

(3) 简体动词句的过去形式是将动词的「マス形」变为动词的「タ形」后，接续「た」或「だ」即可。

上原さんは テレビを 買い~~ました~~ ⇒上原さんは テレビを 買った

◆ 上原さんは テレビを 買った。（上原买了电视机。）

(4) 简体动词句的过去否定形式是将动词「ナイ形」接续变为「なかった」。

上原さんは テレビを 買いません~~でした~~ ⇒上原さんは テレビを 買わなかった

◆ 上原さんは ボーナスで テレビを 買わなかった。（上原小姐没有用奖金买电视机。）

值得引起注意的是：「あります」是一个特殊的动词，其简体形式及过去形式分别为：ある、ない、あった、なかった。

5. ［名］は［形］（普通体）

敬体的形容词句中的「です」在句子中只是起敬语成分的作用，并不是必须的成分。因此，只要去掉句尾的「です」，就是形容词句的简体。

(1) 简体形容词句只要去掉「です」即可。

今月は 忙しい~~です~~ ⇒今月は 忙しい

◆ 今月は 忙しい。（这个月忙。）

(2) 简体形容词句的否定形式是将「くないです」中的「です」去掉即可。如：

今月は 忙しくない~~です~~ ⇒今月は 忙しくない

◆ 今月は忙しくない。（这个月不忙。）

(3) 简体形容词句的过去形式是将「かったです」中的「です」去掉即可。如：

去年の 12 月は 忙しかったです ⇒ 去年の 12 月は 忙しかった

◆ 去年の 12 月は 忙しかった。（去年的 12 月很忙。）

(4) 简体形容词句的过去否定形式是将「なかったです」中的「です」去掉即可。如：

去年の 12 月は 忙しくなかったです ⇒ 去年の 12 月は 忙しくなかった

◆ 去年の 12 月は 忙しくなかった。（去年的 12 月不忙。）

6. ［名］は［形動］（普通体）

形容动词是以词尾「だ」结尾的词，词尾「だ」具有变化功能，是形容动词句不可缺少的、会发生变化的词尾部分。

形容动词的否定形式是将「ではありません」改为「ではない」；过去否定形式是将的「ではありませんでした」改为「ではなかった」即可。

(1) 敬体形容动词句中的「です」是形容动词的词尾「だ」的敬语形式。因此，简体形容动词句的肯定形式只要将敬体形容动词句中的「です」还原为形容动词句的词尾「だ」即可。

正月の 東京は 静かです ⇒ 正月の 東京は 静かだ

◆ 正月の 東京は 静かだ。（新年期间的东京很安静。）

(2) 简体形容动词句的否定形式是将形容动词的词尾「だ」变成「ではない」。从敬体的形式上看，是将其否定形式「ではありません」变为「ではない」。

劉さんは 英語が 上手だ

劉さんは 英語が 上手ではありません ⇒ 劉さんは 英語が 上手ではない

◆ 劉さんは 英語が 上手ではない。（小刘不擅长英语。）

(3) 简体形容动词句的过去形式是将形容动词的词尾「だ」变成「だった」。从形式上看，过去形式是将敬体的「でした」变为「だった」。

小学校頃の先生は親切だ ⇒ 小学校頃の先生は親切だった

◆ 小学校頃の先生は親切だった。（小学时代的老师和蔼可亲。）

(4) 简体形容动词句的过去否定形式是将形容动词句的词尾「だ」变为「ではなかった」。从敬体形式上看是将其过去否定形式「～ではありませんでした」变为「ではなかった」。如：

日本語の 試験は 簡単だ ⇒ 日本語の 試験は 簡単ではなかった

日本語の　試験は　簡単ではありませんでした

◆ 日本語の　試験は　簡単ではなかった。（日语考试不简单。）

6. ［名1］は［名2］（普通体）

简体名词句要在名词后面接续「だ」,也有不同的变化形式。

(1) 简体名词句的肯定形式是将敬体的「です」变成「だ」。

きょうは　日曜日です　⇒きょうは　日曜日だ

◆ きょうは　日曜日だ。（今天是星期天。）

(2) 简体名词句的现在・将来否定形式是将敬体的「ではありません」变为「ではない」。

クリスマスは　祝日ではありません　⇒クリスマスは　祝日ではない

◆ クリスマスは　祝日ではない。（圣诞节不是假日。）

(3) 简体名词句的过去肯定形式是将敬体的「でした」变为「だった」。

きのうは　休みでした　⇒きのうは　休みだった

◆ きのうは　休みだった。（昨天休息。）

(4) 简体名词句的过去否定形式是将敬体的「ではありませんでした」变为「ではなかった」。

きのうは　休みではありませんでした　⇒きのうは　休みではなかった

◆ きのうは　休みではなかった。（昨天不休息。）

VI. 読みましょう

わたしの家族

わたしの家族は5人です。祖父と祖母と父と母とわたしです。祖父母はもう働いていません。いつも家にいます。祖父は庭の掃除や町の仕事を手伝っています。祖母は家の掃除や洗濯をします。料理も祖母がします。祖母のギョーザはとてもおいしいです。

父と母は会社員です。同じ会社で働いています。父も母も大学生のとき、日本へ留学しに行きました。父と母は日本で出会いました。ですから、二人とも日本語がとても上手です。

会社の転勤で、三年間、両親とわたしは日本に住んでいました。家で、父と母とわたしは日本語で話します。ときどき、日本語がわからなくて、中国語で話します。辞書で調べながら、話します。

　祖父と祖母は、中国語で話します。わたしはまだ日本語が下手ですから、中国語で話したいです。家族5人でいっしょに食べる晩ご飯がいちばん好きです。土日は5人で食べますから、中国語で話します。いちばん楽しいです。

注　そふ(祖父)①:祖父,外祖父　　　　　そぼ(祖母)①:祖母,外祖母
　　おなじ(同じ)⓪:相同的　　　　　　にわ(庭)⓪:庭院,院子
　　てんきん(転勤)⓪:工作调动

練習A　文法練習

一、[例]　水/飲む

　　　→　水が飲みたいです。

1. ご飯/食べる　　　　　　　　2. 図書館/行く
3. うち/帰る　　　　　　　　　4. 映画/見る

二、[例]　学校/行きません

　　　→　学校へ行きたくないです。

1. 野菜ジュース/飲む　　　　　2. 公園/ジョギングする
3. 友達/会う　　　　　　　　　4. 先生/報告する

三、[例]　スーパー/買い物する/行く

　　　→　スーパーへ買い物に行きます。

1. 日本/留学する/行く　　　　　2. レストラン/食事する/行く
3. デパート/洋服を買う/行く　　4. カラオケ店/歌を歌う/行く

四、[例] あした/学校/行きません

→ あした学校へ行かない。

1. あした/ラーメン/食べます
2. 今晩/お酒/飲みます
3. 劉さん/日本語の歌/歌います
4. 渡辺先生/ゲーム/分かりません

五、[例] プレゼン/難しかったです

→ プレゼンは難しくなかった。

1. スマホ/高かったです
2. パーティー/楽しかったです。
3. 牛乳/安かったです
4. 映画/おもしろかったです。

六、[例] 中央公園/静かです

→ 中央公園は静かだ。

1. あした/暇です
2. このバッグ/丈夫です
3. 新宿/にぎやかです
4. 東京駅/立派です

七、[例] クリスマス/休みではありませんでした。

→ クリスマスは休みではなかった。

1. バレンタインのプイレゼント/チョコレートではありませんでした
2. わたしは/学生ではありませんでした
3. きのう/雪でした
4. 十年前土曜日/休みではありませんでした

練習B　会話練習

一、[例] おいしいものを食べる/何を食べる/日本料理/お寿司

→ A:たまに、おいしいものを食べたいなあ。

B:そうですね。何が食べたい?

A:日本料理がいいね。お寿司を食べに行きたい。

1. 海外旅行をしたい/どこへ行く/フランス/パリ

2. 旅行に行く/どこへ行く/京都/金閣寺(きんかくじ)

3. 留学する/どこへ行く/日本/東京

4. スポーツする/どこでする/スポーツセンター/お洒落なところ

二、[例]　試験/難しい/できる

　　→　A:試験はどうだった?

　　　　B:難しかった。でも、できたよ。

1. 学校/忙しい/楽しい　　　　　2. 映画/長い/おもしろい

3. ゲーム/楽しい/疲れる　　　　4. プレゼン/難しい/いい

三、[例]　音楽/SFバンド/チケット/行く

　　→　A:音楽、好き?

　　　　B:好きだよ。

　　　　A:SFバンドのチケットあるけど、行かない?

　　　　B:SFか…

1. 野球/ハートバンク/チケット/行く　　　2. 卓球/父母会試合/招待券/行く

3. 牛肉/牛丼/サービス券/食べに行く　　　4. お酒/居酒屋/半額券/飲みに行く

四、日汉翻译

1. 日曜日、遊園地へ行きたいです。

2. あした、友達が遊びに来ます。

3. きのうは雨だった。

4. 日本のラーメンはおいしい。

5. 中央線の車内は静かだった。

6. あの人は有名な歌手です。

五、汉日翻译

1. 一直在食堂吃，所以想吃妈妈做的菜。

2. 放暑假，我想去日本看富士山。

3. 明天考试，我还没有复习。（简体）

4. 龙猫真可爱。（简体）

5. 学校周围很安静。（简体）

6. 小刘给我的礼物是钥匙圈。

  理解当代中国

　　2018年5月2日，在五四青年节和北京大学建校120周年校庆日即将来临之际，中共中央总书记、国家主席、中央军委主席习近平来到北京大学考察。习近平总书记在北京大学师生座谈会上的讲话中指出："爱国，不能停留在口号上，而是要把自己的理想同祖国的前途、把自己的人生同民族的命运紧密联系在一起，扎根人民，奉献国家。"

　　https://news.cyol.com/co/2018－05/04/content_17158995.htm 中青在线

第4課

桜が咲いて、だんだん暖かくなりました

場景　期待已久的"春烂漫"日语活动今天即将拉开帷幕。在日本，一般是秋季举办校园祭，而中国的大学是9月份开学，所以，大多会在春天举办。

I. 学習ポイント　文法機能・文型

1. 桜が咲きました。
2. ドアを開けてください。
3. ドアが開けてあります。
4. 賞品を運んで、熱くなりました。
   演劇に出て、日本語が上手になりました。
   演劇に出て、単位になります。
5. 黄さんは夕方の高鉄で上海に行きました。あした、商社の面接があるからです。

Ⅱ. 基本会話

1. A：桜が咲きましたね。

    B：はい。だんだん暖かくなりました。

    A：雨が降らなくて、良かったですね。

    B：はい、午後の「春爛漫」が楽しみです。

2. A：もしもし、日本語学科の王仙娥です。

    B：あ、王先生ですか。管理員の林です。

    A：2時から学生活動があるから、センターのドアを開けてください。お願いします。

    B：はい、分かりました。

3. A：劉さん、ドアが開けてありますから、賞品と道具を会場に運んでください。

    B：でも、さっきはドアがまだ開いていませんでした。

    A：管理室に電話しましたから、今はもう開いています。

    B：はい、分かりました。

4. A：劉さん、暑いですか。

    B：はい。賞品を運んで、体が熱くなりました。

    A：劉さんも寸劇に出ますか。

    B：はい、出ます。日本語が上手になって、単位にもなるからです。

5. A：黄さんはもう帰りましたか。

    B：はい。夕方の高鉄で上海に行きました。あした、商社の面接があるからです。

    A：そうですか。頑張っていますね。

Ⅲ. 応用会話

（在日语系办公室。）

王　先生：桜が咲きましたね。だんだん暖かくなりました。

渡辺先生：はい。桜はぱっと咲いて、ぱっと散って、美しい花ですね。

王　先生：きょうは雨が降らなくて、良かったですね。
渡辺先生：はい、午後の「春爛漫」が楽しみです。

（拿起电话听筒。）

王　先生：もしもし、日本語学科の王仙娥です。
林　さん：あ、王先生、管理員の林です。
王　先生：2時から学生活動があるから、センターのドアを開けてください。お願いします。
林　さん：はい、分かりました。

（午饭之后。）

王　先生：劉さん、ドアが開けてありますから、賞品と道具を会場に運んでください。
劉　さん：はい。でも、さっきはドアがまだ開いていませんでした。
王　先生：管理室に電話しましたから、今はもう開いています。
劉　さん：はい。今すぐ行きます。

（下午，在学生活动中心召开了大家期盼已久的"春烂漫"日语活动。）

渡辺先生：劉さん、暑いですか。
劉　さん：はい。賞品を運んで、体が熱くなりました。
渡辺先生：劉さんも寸劇に出ますか。
劉　さん：はい、出ます。日本語が上手になって、単位にもなるからです。
渡辺先生：なるほど、一石二鳥ですね。
劉　さん：え？「いっせきにちょう」ですか。
渡辺先生：ええ、一つの事をして、同時に二つの利益になるという意味です。
劉　さん：なるほど、分かりました。中国語も同じ意味で、"一箭双雕"という言葉があります。

（"春烂漫"日语活动开始了。）

司会者：次の出し物は、劉さんと黄さんの寸劇「落ちて嬉しい」です。どうぞ。
黄　さん：劉さん、最近うきうきしていますね。何かいいことがありましたか。
劉　さん：はい。最近、落ちたから。
黄　さん：落ちた？財布が落ちた？電子手帳が落ちた？それでそんなに嬉しいですか。

劉さん：いいえ。そんな物が落ちて、嬉しい人はいないよ。

黄さん：そうでしょうね。どうしてうきうきしていますか。

劉さん：知りたい？教えましょうか。

黄さん：早く言って。

劉さん：実は恋に落ちた。

黄さん：うそでしょう。

劉さん：もちろんだよ。お芝居だから。はい、おしまいです。

(鼓掌声。)

Ⅳ. 新しい単語

表記/読み/アクセント	品詞/意味
桜(さくら)⓪	[名]樱花
咲く(さく)⓪	[自五]花开,开放
段々(だんだん)⓪	[副]逐渐,渐渐
暖かい(あたたかい)④	[形]暖和,温暖
ドア①	[名]门
開ける(あける)⓪	[他一]打开
賞品(しょうひん)⓪	[名]奖品
運ぶ(はこぶ)⓪	[自他五]搬运,移动,运,运作
暑い(あつい)②	[形]热(天气),炎热
演劇(えんげき)⓪	[名]演戏,演剧
単位(たんい)①	[名]计量单位
高鉄(こうてつ)⓪	[名]高铁
商社(しょうしゃ)①	[名]商社
面接(めんせつ)⓪	[名・自サ]面试
管理員(かんりいん)③	[名]管理员
林(はやし)③	[专]林(姓氏)
道具(どうぐ)③	[名]道具
さっき①	[名・副]刚才,先前
まだ①	[副]还,依然

续表

表記/読み/アクセント	品詞/意味
開く(あく)⓪	[自五]开,开着,开门
体(からだ)⓪	[名]身体
寸劇(すんげき)⓪	[名]短剧,小品
頑張る(がんばる)③	[自五]顽强坚持,加油
ぱっと①	[副]一下子,突然
散る(ちる)⓪	[自五]花谢,凋谢,散
美しい(うつくしい)④	[形]美丽的,美好的
もしもし①	[叹]喂喂(打电话用语)
一石二鳥(いっせきにちょう)⓪＋⓪,⑤	[谚]一举两得
一つ(ひとつ)②	[名]一个(东西的个数)
同時(どうじ)⓪	[名]同时
二つ(ふたつ)③	[名]两个
利益(りえき)①	[名]利益,收益,好处
意味(いみ)①	[名・自他サ]意思
言葉(ことば)③	[名]语言
次(つぎ)②	[名]其次;接下来
出し物(だしもの)②	[名]演出节目
落ちる(おちる)②	[自一]坠落,掉下,脱落
嬉しい(うれしい)③	[形]高兴,开心
うきうき①	[副・自サ]兴高采烈的样子
財布(さいふ)⓪	[名]钱包
電子(でんし)①	[名]电子
手帳(てちょう)⓪	[名]小笔记本
そんな⓪	[形動]那样
知る(しる)⓪	[他五]知道,了解
言う(いう)⓪	[自他五]说,讲
実は(じつは)②	[副]其实,说实话
恋(こい)①	[名]恋爱
もちろん②	[副]当然
芝居(しばい)⓪	[名]戏剧
お仕舞い(おしまい)⓪	[名]结束,终了

V. 学習ポイント解釈

1. 動詞の分類・自動詞と他動詞

在上一册的第7课，我们已经学习了日语五段动词的分类方法。日语的动词从其意义和用法上还可以分为自动词和他动词两种。自动词是指句子主体的动作、作用无需涉及其他对象的动词，一般接续表示主语的格助词「が」。他动词是指句子主体的动作或作用需要涉及对象的动词，一般接续表示对象的格助词「を」。如：

他動詞	例	自動詞	例
開ける	箱を開ける	開く	自動ドアが開く
入れる	スイッチを入れる	入る	ゴミが入る
消す	火を消す	消える	雲が消える
閉める	ドアを閉める	閉まる	店が閉まる
出す	手紙を出す	出る	涙が出る
つける	電気をつける	つく	電気がつく
止める	水を止める	止まる	車が止まる
並べる	机を並べる	並ぶ	人が並ぶ
始める	授業を始める	始まる	仕事が始まる

2. [名]が[動詞・自動詞]

类似「ドアが開きます」「雪が降ります」等使用「名詞＋が＋動詞」形式，而不用格助词「を」表示对象的动词称为自动词。

◆ 電車のドアが開きました。（电车门开了。）

◆ 雨が降りました。（下雨了。）

3. [名]が[動詞・他動詞]

类似「火を消します」「電気をつけます」等「名詞＋を＋動詞」形式的动词，必须要有动作对象，称为他动词。

◆ あの人はたばこの火を消しました。（那人将香烟掐灭了。）

◆ 劉さんは水を止めました。（小刘把水关了。）

值得注意的是，上一册第13课中出现的「美術館を出ました」「動く歩道を降りて」中的「出る」「降りる」虽然是自动词，但使用了助词「を」，这是因为动作的对象是场所，「を」表示动作的移动。其他如：「海を泳ぐ」「公園を散歩する」「歩道を走る」等，虽然都使用了助词「を」，但「泳ぐ」「散歩する」「走る」都是自动词。

4. ［名］が［動・テ形］てあります

动词的「テ形」接「てあります」，表示经由某人的动作之后，动作对象所处的结果或状态。句子中虽然没有涉及动作的主体，但具有"谁做的""处于何种状态"等含义。因为「動詞＋てあります」表达的是对象的状态，所以，对象格要换成主格的形式。如「窓を」「靴を」要变成「窓が」「靴が」。

窓を　開けます	窓が　開けてあります
靴を　並べます	靴が　並べてあります

◆　トイレの 窓が 開けて あります。（厕所的窗户开着。）

◆　入り口に 靴が 並べて あります。（入口处摆放着鞋。）

5. ［形語幹く］/［形動語幹に］/［名に］なります

「なります」是一个表示事物自然变化的动词。「形容詞く/形容動詞/名詞に＋なります」的形式可以用来表示事物的性质或状态自然发生的变化。

形容词要将词尾「い」变成「く」后再加「なります」。形容动词的词干和名词后续「に」再加「なります」。「なる」具有自动词的特征。

暗い	暗く　なります
にぎやか	にぎやかに　なります
小学生	小学生に　なります

◆　空が 暗くなりました。（天黑了。）

◆　会場がにぎやかになりました。（会场热闹起来了。）

◆　息子は来年大学生になります。（儿子明年要成大学生了。）

6. ～からです

在第一册第 12 课,我们曾经学习过「～から、～」的表达形式,助词「から」接在前半句的后面,表示「から」之后的后半句内容成立的原因或理由。本课的助词「から」接在整个句子的最后,表示包含「から」的句子内容是前面句子成立的原因或理由。如:

- ◆ 黄さんは夕方の高鉄で上海に行きました。あした、商社の面接があるからです。(小黄坐傍晚的高铁去上海了。因为明天有一个商社的面试。)
- ◆ お正月は 旅行を しません。どこでも混むからです。(正月不去旅行。因为到处都人太多。)

VI. 読みましょう

■ 日記 ■

もうすぐ夏休みだ。大学生活もしばらく休みだ。実家でゆっくり過ごしたい。友達とたくさん遊びたい。映画も見たい。旅行にも行きたい。もちろん、両親の手伝いや勉強もする。

しかし、今年は夏休みにやりたいことがある。バンドや豫園など、外国人がたくさんいる場所に行って、日本語で説明をしたい。日本語も英語もまだまだ下手だが、たくさんの外国人と話したい。大学で勉強した日本語と英語を使いたい。将来、日本かアメリカへ留学しに行きたいから、たくさんの外国人と話したい。

今、バンドや豫園のパンフレットを集めている。説明を聞きながら、観光もした。中国語のパンフレットを覚えた。しかし、日本語や英語のパンフレットは難しい。辞書で意味を調べながら、覚えている。辞書で意味は分かるが、正しい発音がよく分からない。日本語も英語も覚えて、はやく先生に発音を直してほしい。

注 にっき(日記)⓪:日记　　　　　　　　じっか(実家)⓪:父母家
バンド(bund)①:外滩,码头　　　　　　よえん(豫園)①:豫园

練習

練習A 文法練習

一、[例] ドア/開く/開ける

　　ドアが開く/ドアを開ける

1. 電気/つく/つける
2. ガス/消える/消す
3. 花/並ぶ/並べる
4. スマホ/壊れる/壊す

二、[例] 雨/降る

　　雨が降っています。

1. かぎ/あく
2. 飛行機/遅れる
3. 子ども/遊ぶ
4. キャラクター/並ぶ

三、[例] 友達が遊びに来るから、部屋を掃除しました。

　　→ 部屋が掃除してあります。

1. 暑いから、窓を開けます。
2. 食事をするから、お箸を並べます。
3. ジブリ美術館へ行くから、チケットを予約します。
4. エアコンをつけるから、窓を閉めます。

四、[例] 髪の毛/長い/短い

　　→ 髪の毛が短くなりました。

　　→ 髪の毛が長くなりました。

1. 食堂の料理/まずい/おいしい
2. 隣の人/うるさい/静か
3. スマホ/高い/安い
4. 劉さん/学生/大人

五、[例] 朝、掃除をする/友だちが遊びに来る

　　→ 朝、掃除をしました。友だちが遊びに来るからです。

1. 食べすぎる/うまい

2. すこし休む/疲れる

3. ローソンへ行く/ジブリ美術館のチケットを買う

4. 窓を閉める/エアコンをつける

練習B　会話練習

一、[例]　どうしてさしみを買いましたか。(安くなる)

　　→　安くなったからです。

1. どうして学校を休みましたか。(熱がある)

2. どうしてパーティーに行きませんでしたか。(試験がある)

3. どうして留学しますか。(外国の文化を勉強したい)

4. どうしてメールの返事をしませんか。(パソコンが壊れる)

二、[例]　エアコン/つく/つける/ちょっと暑い

　　→　A:あれ、エアコンがついているね。

　　　　B:ああ、つけてあるの。

　　　　A:どうして?

　　　　B:ちょっと暑いから。

1. 窓/開く/開ける/タバコのにおいが臭い

2. 財布/10万円が入る/入れる/宝くじに当たる

3. カレンダー/かけてある/かけた/きれい

4. 本棚の本/並べてある/並べる/友達が来る

三、[例]　おもしろい/プレゼン/上手

　　→　A:日本語の勉強はどう?

　　　　B:ええ、おもしろくなりました。

　　　　A:そう。プレゼンは?

　　　　B:プレゼンも上手になりました。

1. 単語が多い/文法/難しい　　2. 漢字が多い/カタカナ語/多い

3. つまらない/英語/興味がない　　4. 聴解が難しい/文章/簡単ではない

四、日汉翻译

1. パソコンが壊れました。

2. 毎朝、新聞を読みます。

3. 車は車庫に止めてあります。

4. 日本語がだんだんおもしろくなりました。

5. 運動会は中止しました。台風が来るからです。

五、汉日翻译

1. 是你打开的门吗？

    ——不是，是风刮开的。

2. 我把手机给弄丢了。

3. 墙上的那幅画，是我挂上去的。

4. 食堂的菜变得好吃了。

5. 今天没有上网，因为马上就要考试了。

理解当代中国

习近平总书记在中国共产党第二十次全国代表大会上的报告中指出：增强中华文明传播力影响力。坚守中华文化立场，提炼展示中华文明的精神标识和文化精髓，加快构建中国话语和中国叙事体系，讲好中国故事、传播好中国声音，展现可信、可爱、可敬的中国形象。加强国际传播能力建设，全面提升国际传播效能，形成同我国综合国力和国际地位相匹配的国际话语权。深化文明交流互鉴，推动中华文化更好走向世界。

https://www.gov.cn/xinwen/2022-10/25/content_5721685.htm 中华人民共和国中央人民政府

第5課
金さんは寝る前に、必ずメールをチェックします

新出場人物

金 杏奈(金 杏奈)　女性　一年級(第二学期)　小刘的学妹
张 思佳　　　　　女性　一年級(第二学期)　小刘的学妹

场景

日语活动结束,小刘和往常一样又开始用功学日语。一天,在日语角碰到了学妹小金,小金向她请教了有关日语和日本文化的一些情况。

I. 学習ポイント　文法機能・文型

1. 周りの人の迷惑になりますから、必ずマナーモードにします。
2. 日本人は電車やバスに乗るとき、本当に電話をしませんか。

3. 授業の前に必ず予習をします。

4. 授業が終わった後で、きちんと復習します。

5. わたしはいつも日本人と話したり、ラジオやCDを聞いたりしています。

II. 基本会話

1. A：先生、日本人は電車やバスに乗るとき、本当に電話をしませんか。

   B：そうですよ。周りの人の迷惑になりますから、必ずマナーモードにします。

   A：え、そうですか。

   B：話すときも声を小さくして、静かにしています。

2. A：この間、プレゼンしたとき、とてもきれいな日本語でした。

   B：いいえ、まだまだです。発表する前に、先生からご指導をいただきました。

   A：そうですか。発表する時、緊張しませんでしたか。

   B：すごく緊張しましたよ。

3. A：先輩、日本語が上達する方法はありますか。

   B：授業の前に必ず予習をします。そして、授業が終わった後で、きちんと復習します。

   A：はい、分かりました。会話が上達する方法もありますか。

   B：わたしはいつも日本人と話したり、ラジオやCDを聞いたりしています。

   A：そうですか。大変勉強になりました。ありがとうございました。

III. 応用会話

（在会客室里，学妹向渡辺老师和小刘请教了有关日语和日本文化方面的知识。）

劉　さん：こんにちは。

渡辺先生：こんにちは。そろそろ始めましょう。

劉　さん：（対着看手机的小金）金さん、あのう、メールをやめてください。

金　さん：はい、すみません。

張　さん：先生、日本人は電車やバスに乗るとき、本当に電話をしませんか。

渡辺先生：そうですよ。周りの人の迷惑になりますから、必ずマナーモードにします。

金　さん：え、そうですか。中国は会議のときでも電話に出たり、メールを送ったりする人が多いですね。

渡辺先生：そうですか。日本ではしませんね。話すときも声を小さくして、静かにしています。

金　さん：あのう、日本の物価はとても高いですか。

渡辺先生：高かったり安かったり、いろいろあります。昔は高かったですが、今は中国も高くなりましたからね。百円ショップはとても便利で安いですよ。スーパーも夜は割引をしますから、安いです。

金　さん：そうですか。よく分かりました。ありがとうございます。

張　さん：ところで、この間、先輩がプレゼンをしたとき、日本語がとても立派でした。羨ましいです。

劉　さん：いいえ、まだまだです。発表する前に、王先生や渡辺先生にご指導をいただきました。

張　さん：発表するとき、緊張しませんでしたか。

劉　さん：すごく緊張しましたよ。

金　さん：先輩、日本語が上達する方法はありますか。

劉　さん：それは簡単です。授業の前に必ず予習をします。そして、授業が終わった後で、きちんと復習します。それだけですよ。

金　さん：はい、分かりました。会話が上達する方法もありますか。

劉　さん：わたしは日本人の留学生と話をしたり、日本の歌を聞いたりしています。

金　さん：そうですか。大変勉強になりました。ありがとうございました。

劉　さん：金さんは授業が終わった後で、いつも何をしていますか。

金　さん：わたしはいつも図書館で本を読んだり、日本のアニメを見たりしています。夜は

寝る前に必ずメールをチェックしています。

劉さん：そうですか。真面目ですね。

渡辺先生：近頃、暑かったり、寒かったりしますから、風邪を引かないように、気をつけてください。では、きょうはこの辺で終わりましょう。

みなさん：はい。ありがとうございました。

Ⅳ. 新しい単語

表記/読み/アクセント	品詞/意味
必ず(かならず)⓪	[副]一定,必定
周り(まわり)⓪	[名]周囲
迷惑(めいわく)①	[名・形動・自サ]麻烦
マナーモード④	[名]静音
復習(ふくしゅう)⓪	[名・他サ]复习
小さい(ちいさい)③	[形]小的
この間(このあいだ)⑤	[名]前些天,不久前
発表(はっぴょう)⓪	[名・他サ]发表
指導(しどう)⓪	[名・他サ]指导
いただく⓪	[他五]戴,领受,拥戴
緊張(きんちょう)⓪	[名・自サ]紧张
先輩(せんぱい)⓪	[名]前辈
きちんと②	[副]整齐,规矩,正好
方法(ほうほう)⓪	[名]方法
やめる⓪	[他一]停止,作罢,放弃
送る(おくる)⓪	[他五]寄送,传送,送行
百(ひゃく)②	[名]百
ショップ①	[名]商店
スーパー①	[名]超市
割引(わりびき)⓪	[名・他サ]折扣
真面目(まじめ)⓪	[形動]认真
近頃(ちかごろ)②	[名・副]最近,近日
寒い(さむい)②	[形]冷(天气),寒冷

表記/読み/アクセント	品詞/意味
風邪(かぜ)⓪	[名]感冒
引く(ひく)⓪	[他五]拉,拖,牵引,画线
気をつける(きをつける)④	[惯]注意,小心

V. 学習ポイント解釈

1. ［形容詞く］/［形動に］/［名に］＋します

上一课学习了「形容詞/形容動詞/名詞＋なります」的表达形式。形容词、名词还可以接续「します」,构成「形容詞/形容動詞/名詞＋します」的表达形式,用来表达因动作或行为的主体意志使事物的性质或状态发生某种变化。形容词要将词尾「い」变成「く」后再加「します」。形容动词和名词的构成方式相同,「に」后再接续「します」。「する」具有他动词的特征。

甘い	甘く　します
きれい	きれいに　します
ジャム	ジャムに　します

「なります」是一个表达事物变化或结果的无意志动词。而「します」则是一个表达动作主体按照自己意志进行的动作或行为的意志动词。

◆ 料理に砂糖を入れて、甘くしました。(往菜里放了糖,〈菜〉甜了。)

◆ 掃除して、部屋をきれいにしました。(打扫了一下,房间干净了。)

◆ イチゴをジャムにしました。(将草莓做成了果酱。)

2. ［動・終止形］とき/［動・タ形］たとき、～

(1) 动词的「終止形」接「とき」时,后面句子的动作行为发生在前者之前或与其同时进行。如：

◆ 沖縄へ 行くとき、飛行機に 乗りました。(去冲绳时坐了飞机。)

(2) 动词的「タ形」接「たとき」时,后面句子的动作行为发生在"动词(た形)とき"之后。如：

◆ 日本へ 行ったとき、海の 写真を 撮りました。(去日本时,拍了大海的相片。)

3. ［名］の前に/［動・終止形］前に、～

表示做某事之前先要做好另外一件事时，「前に」前面的动词必须是「終止形」，句尾的时态也可能是过去形式。试比较以下两组例句的不同含义。

- ◆ 食事の 前に 手を 洗いましょう。（吃饭之前洗手。）
- ◆ 食事の 前に 手を 洗いました。（吃饭之前洗了手。）
- ◆ 飛行機に 乗る 前に お土産を 買います。（上飞机之前买礼品。）
- ◆ 飛行機に 乗る 前に お土産を 買いました。（上飞机之前买好了礼品。）

4. ［名］の後で/［動・タ形］た後で、～

表示按照时间顺序，先做完一个动作后再做另一个动作时，可以用动词的「タ形」后续「た後で」的形式表达。

- ◆ 運動の 後で シャワーを 浴びます。（运动后要淋浴。）
- ◆ 仕事が 終わった 後で、フィットネスに 行きます。（结束工作后，要去健身。）

5. ［動・タ形］たり、［動・タ形］たり します

动词的「タ形」接续「たり」，以「～たり、～たりします」的形式表示几个并列的动作行为。除了所举的动作之外，还有与所举之例类似的动作。

- ◆ 休みの 日は、本を 読んだり、子どもと 遊んだりします。（休息日里会看看书、陪孩子玩玩什么的。）
- ◆ パーティーでは、歌を 歌ったり、ダンスを したりしました。（在派对上唱歌、跳舞什么的。）

「～たり、～たり」还可以用于表示多种状态或状况，其构成方式是将形容词或形容动词和名词的过去简体形「～かった」「～だった」中的「た」变成「たり」。

- ◆ 暑かったり、寒かったりします。（时冷时热。）
- ◆ 暑かったり、寒かったりです。（时冷时热。）
- ◆ 駅前はにぎやかだったり静かだったりです。（车站前有时热闹有时寂静。）
- ◆ 店員は日本人だったり外国人だったりです。（营业员有时是日本人有时是外国人。〈既

有日本人，又有外国人〉〉

Ⅵ. 読みましょう

■ わたしの部屋 ■

　わたしは大学の寮に住んでいます。窓に緑のカーテンがかけてあります。カーテンが薄いので、太陽の光が少し入ります。毎朝、緑色の部屋の中で起きます。ベッドは茶色のカバーがかけてあります。緑色と茶色で森をイメージしています。森には花が必要です。ですから、パソコンは赤にしました。スリッパは黄色にしました。赤と黄色の花のイメージです。本棚に青の布がかけてあります。空のイメージです。

　授業の後も大学で勉強していますから、部屋にあまりいません。でも、寝る前に1時間ぐらい本を読みます。とても落ち着きます。わたしはこの部屋が大好きです。

　今、カーペットが欲しいです。何色のカーペットがいいでしょう。ピンクや水色の明るい色のカーペットが欲しいです。でも、部屋に合わないかもしれません。やはり、こげ茶か黒がいいでしょうか。大地の色はこげ茶か黒ですよね。わたしは今とても悩んでいます。

注　カーテン(curtain)①：窗帘　　　　　スリッパ(slipper(s))①②：拖鞋
　　ほんだな(本棚)①：书橱　　　　　　こげちゃ(焦げ茶)⓪②：深茶色
　　なやむ(悩む)②：烦恼

| 練習 A　文法練習

一、[例]　音楽の音/小さい

　　→　音楽の音を小さくします。

1. 髪の毛/短く　　　　　　　　2. 値段/安い

3. 部屋/きれい　　　　　　　　4. 家/立派

5. ご飯/おにぎり　　　　　　　6. 魚/さしみ

二、[例] メールを書く/辞書を使う

→ メールを書くとき、辞書を使います。

1. コーヒーを飲む/砂糖を入れる
2. 寝る/ラジオを聞く
3. 新聞を読む/ラジオをつける
4. お昼を食べる/友達と話をする

三、[例] ビールを飲む/食事する

→ 食事する前に、ビールを飲みます。

1. 歯を磨く/寝る
2. かなを習う/漢字を習う
3. 手を洗う/食事
4. 復習する/試験

四、[例] メールを出す/会議

→ 会議のあとで、メールを出します。

1. コーヒーを飲む/食事
2. 遊園地へ行く/試験
3. 歯を磨く/朝ご飯を食べる
4. 寝る/メールをチェックする

五、[例] 休みの日は何をしますか。(家で本を読む/外で友だちと会う)

→ 家で本を読んだり、外で友だちとあったりします。

1. 授業の前に、何をしますか。(復習する/予習する)
2. 授業が終わったあとで、何をしますか。(友だちとチャットする/図書館で本を読む)
3. 日本に行く前に、何をしますか。(日本語を勉強する/買い物をする)
4. パーティーのとき、何をしますか。(ジュースを飲む/歌を歌う)

練習B 会話練習

一、[例] 寒い/エアコンをつける/暖かい

→ A:ちょっと寒いですね。

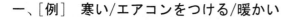

B：エアコンをつけて、部屋を暖かくしましょう。

A：じゃ、お願いします。

1. 汚い/掃除する/きれい
2. うるさい/音を小さくする/静か
3. 暗い/電気をつける/明るい
4. 暑い/窓を開ける/涼しい

二、[例]　熱がある/病院へ行く/保険証

→　A：熱があるから、病院へ行きます。

B：病院へ行くとき、保険証を忘れないでください。

A：はい。

1. 試合を見る/スタジオへ行く/チケット
2. パソコンが壊れる/修理に行く/保証書
3. 財布を落とす/銀行へ行く/印鑑
4. 買い物をする/スーパーへ行きます/財布

三、[例]　プレゼン/する/連休

→　A：いつプレゼンをしますか。

B：連休の前にします。

A：分かりました。

1. 日本/行く/学校が始まる
2. 試験/する/夏休み
3. 歯/磨く/寝る
4. 宿題/する/寝る

四、[例]　授業/電話する

→　A：いつ電話しますか。

B：授業の後でします。

A：分かりました。待っています。

1. 歯を磨く/朝食
2. アイスクリームを食べる/食事
3. お茶を飲む/食事
4. 日本へ行く/卒業する

五、[例]　日本語を勉強する/スポーツをする

→　A:学校で毎日何をしていますか。

　　B:日本語を勉強したり、スポーツをしたりしています。

1. 授業を聞く/本を読む

2. ジョギングする/寮で勉強する

3. 授業を聞く/図書館で資料を調べる

4. 論文を書く/留学説明会に参加する

六、日汉翻译

1. お茶に砂糖を入れて、甘くしました。

2. 花を買って、部屋をきれいにしました。

3. 日本へ行くとき、スーツケースを買いました。

4. 北海道へ行ったとき、写真を撮りました。

5. 飛行機に乗る前に、空港でお土産を買いました。

6. サッカーのあとで、シャワーを浴びます。

7. 休みの日は、友だちと食事をしたり、映画を見たりしています。

七、汉日翻译

1. 今天不太想吃，给我半碗饭。

2. 这个手表价格贵了点，便宜点。

3. 去公司上班时，经常在车站里买报纸。

4. 回到家，要先洗手。

5. 回家前，总要去一下超市。

6. 渡边老师总是喝完酒后吃冰激淋。

7. 上个星期天在家洗洗衣服，打扫房间。

理解当代中国

　　教育、科技、人才是全面建设社会主义现代化国家的基础性、战略性支撑。必须坚持科技是第一生产力、人才是第一资源、创新是第一动力，深入实施科教兴国战略、人才强国战略、创新驱动发展战略，开辟发展新领域新赛道，不断塑造发展新动能新优势。

　　我们要坚持教育优先发展、科技自立自强、人才引领驱动，加快建设教育强国、科技强国、人才强国，坚持为党育人、为国育才，全面提高人才自主培养质量，着力造就拔尖创新人才，聚天下英才而用之。

　　https://www.gov.cn/xinwen/202210/25/content_5721685.htm 中华人民共和国中央人民政府

第6課
リニアモーターカーは新幹線より速いです

場面

下课后,渡边老师和小刘在交谈。渡边老师谈起他首次来华工作时,面对上海巨大的发展变化是如何地感慨。

I. 学習ポイント　文法機能・文型

1. リニアモーターカーは新幹線**より**速いです。
2. 南京路と淮海路と、**どちら**がにぎやかですか。
3. 新天地**より**豫園**のほうが**にぎやかです。
4. 日本は中国**ほど**便利ではありません。
5. ニコン**とか**、キャノン**とか**、オリンパス**とか**が有名です。

Ⅱ. 基本会話

1. A：上海浦東空港はどうでしたか。

   B：すばらしいですね。成田空港よりずっと広くて明るいです。

   A：リニアモーターカーに乗りましたか。

   B：ええ、タクシーより安くて速いから、リニアに乗りました。

2. A：南京路と淮海路と、どちらがにぎやかですか。

   B：どちらもにぎやかです。

   A：新天地と豫園と、どちらがにぎやかですか。

   B：豫園のほうがにぎやかです。

3. A：中国は電車や地下鉄がどんどん増えて、便利になりましたね。

   B：そうですね。でも、日本は中国ほど便利ではありません。

   A：どんなところですか。

   B：中国のほうが乗換えが便利です。

4. A：日本にはどんなカメラメーカーがありますか。

   B：ニコンとか、キャノンとか、オリンパスとかが有名です。

   A：どのメーカーがいちばんいいですか。

   B：さあ、それは難しいですね。

Ⅲ. 応用会話

（下课后，渡边老师和小刘在聊天。）

渡辺先生：日本から帰ったとき、どこで乗り換えましたか。

劉　さん：上海です。

渡辺先生：上海のどちらの空港ですか。

劉　さん：浦東空港です。

渡辺先生：わたしもです。浦東は立派な空港ですね。成田空港よりずっと広くて明るいです。

劉　さん：でも、税関まで結構歩きますね。

渡辺先生：浦東空港から市内までバスやリニアモーターカーがあって、便利です。劉さんはどちらに乗りましたか。

劉　さん：わたしはバスに乗りました。先生は何に乗りましたか。

渡辺先生：わたしはリニアに乗りました。タクシーより安くて速いです。時速430キロで、新幹線より速いです。驚きました。

劉　さん：そうですね。南京路へ行きましたか。

渡辺先生：いいえ。行きませんでした。南京路と淮海路と、どちらがにぎやかですか。

劉　さん：どちらもにぎやかですが、淮海路は商品が高いから、南京路ほどにぎやかではありません。

渡辺先生：そうですか。新天地と豫園と、どちらがにぎやかですか。

劉　さん：豫園のほうがにぎやかです。ところで、先生はいつもカメラを持っていますね。

渡辺先生：はい。スマホよりカメラのほうが写真がきれいです。

劉　さん：そうですか。日本のカメラは中国で人気があります。どんなメーカーがいいですか。

渡辺先生：それは多いですよ。ニコンとか、キャノンとか、オリンパスとかが有名です。

劉　さん：どのメーカーがいちばんいいですか。

渡辺先生：さあ、それは難しいですね。（将相机递给小刘看）わたしのはこれです。

劉　さん：なるほど。これがいちばんいいですね。

（两人互相対视，忍不住笑了起来。）

Ⅳ. 新しい単語

表記/読み/アクセント	品詞/意味
リニアモーターカー⑧⑥	[名]磁悬浮列车
ニコン①	[专]尼康
キャノン①	[专]佳能
オリンパス②	[专]奥林帕斯

续表

表記/読み/アクセント	品詞/意味
空港(くうこう)⓪	[名]机场
ずっと⓪	[副]比～更～,一直
タクシー①	[名]出租车
地下鉄(ちかてつ)⓪	[名]地铁
どんどん①	[副]进展顺利
増える(ふえる)②	[自一]增加,增多
乗り換え(のりかえ)⓪	[名]换乘
メーカー①⓪	[名]厂家
税関(ぜいかん)⓪	[名]海关
市内(しない)①	[名]市内
時速(じそく)⓪①	[名]时速
キロ(メートル)①	[名]公里

V. 学習ポイント解釈

1. [名1]は[名2]より [形]/[形動]です

这是主题与对象进行比较,主题比基准对象更具有某一特性时使用的句型,名词2表示对象的比较基准。

- ◆ リニアモーターカーは新幹線より速いです。(磁悬浮列车比新干线快。)
- ◆ 豫園は新天地よりにぎやかです。(豫园比新天地热闹。)

2. [名詞1]と[名詞2]と(では)+どちらが[形]/[形動]ですか

「どちら」原指不明确或不特定的方向或场所,这里表示在两个人或事物中,询问其中哪一项更具有某种特性或状况的意思。「にぎやか」和「難しい」分别是表示城市或语言特性的形容动词和形容词。

- ◆ 新天地と豫園と、どちらがにぎやかですか。(新天地与豫园比,哪个更热闹?)
- ◆ 中国語と日本語と、どちらが難しいですか。(汉语和日语相比,哪种更难?)

3. [名詞1]より [名詞2]+のほうが [形]/[形動]です

「～より～ほうが～」也是对两个事物进行比较,表示后一方更具有某种特性的意思。名词1

表示比较的基准，名词2表示比较的主语。与「～は～より～」不同之处是，这个句型是先将对象作为比较的基准提示出来之后，说明主语更具有某种特性，有时具有"甲如此，乙也如此，但是比起甲方来，还是乙方……"的意思。

- 新天地より豫園のほうがにぎやかです。（比起新天地，豫园更热闹。）

- 日本よりアメリカのほうがずっと遠いです。（比起日本，美国远多了。）

4. ［名1］は［名2］＋ほど［形く］ないです/［形動］ではありません

「～ほど～ない」也是对两种事物进行比较，表示与名词2相比，名词1不如名词2更具有某种特性的意思。名词1表示比较的主题，名词2表示比较的基准。与「～は～より～」相比，具有"甲如此，乙也如此，但是相比之下，甲没有乙那么……"的意思。

- 新幹線はリニアモーターカーほど速くないです。（新干线不如磁悬浮列车快。）
- 横浜は東京ほど便利ではありません。（横滨不如东京方便。）

5. ［名1］とか、［名2］とか

「とか」接在表示人或物体的名词之后，在口语中用于例举几个类似的例子，表达并列的意思。这个句型与「～や～など」非常相似，但「～や～など」也可以用于书面语。

- ニコンとか、キャノンとか、オリンパスとかが有名です。（尼康、佳能，还有奥林巴斯很有名。）
- 日曜日は買い物とか、掃除とか、忙しいです。（星期天买买东西，打扫打扫卫生，很忙碌。）

Ⅵ. 読みましょう

■ ファッション ■

わたしの専攻はファッションです。雑誌を読んで、最新の流行をチェックしたり、自分で服をデザインしたりします。はじめはうまくできませんでしたが、だんだん上手になりました。わたしの着ている服は自分でデザインして作りました。

ときどき、アニメやマンガの主人公の服も作ります。はじめは作るだけでしたが、最近は学校に着て行きます。まだ二つしか作っていません。友達はもっとたくさん作っています。わたしは友達ほど上手ではありません。

アニメのフェスティバルがあるときは、友だちといっしょにコスプレして、見に行きます。会場ではいろいろなグッズを買ったり、アニメソングのCDを買ったりします。コスプレしている人もたくさんいます。一緒に写真を撮ったり、デザインの話をしたりします。デザインから材料を選ぶのは難しいです。もっと勉強をして、上手になりたいです。

いつか自分のブランドを持ちたいです。自分の店で、自分のデザインした服を売るのが夢です。

注 しゅじんこう(主人公)②：主角，主人公　　フェスティバル(festiva)①：节日、喜庆日
うる(売る)⓪：卖

| 練習A　文法練習

一、[例]　劉さん/わたし/背が高い

　　→　劉さんはわたしより背が高いです。

1. 劉さん/黄さん/髪の毛が長い
2. ファーウエイ(HUAWEI)/アイフォン(iPhone)/軽い
3. 北海道/蘇州/寒い
4. 金さん/劉さん/若い

二、[例]　わたし/劉さん/日本語が上手

　　→　わたしより劉さんのほうが日本語が上手です。

1. わたしの部屋/劉さんの部屋/きれい　　2. 白いバッグ/黒いバッグ/丈夫
3. 1号棟/3号棟/新しい　　　　　　　　4. 大阪/東京/広い

三、[例] 大阪/東京/にぎやか

→ 大阪は東京ほどにぎやかではない。

1. わたし/劉さん/明るい
2. 白いバッグ/黒いバッグ/高い
3. TM学院/MT学院/古い
4. 北京/東京/涼しい

四、[例] コーヒー/紅茶/いい(紅茶)

→ A:コーヒーと紅茶どちらがいいですか。

B:紅茶のほうがいいです。

1. リンゴ/バナナ/甘い(バナナ)

2. お父さん/お母さん/厳しい(父)

3. 夏/冬/好き(冬)

4. 東京/大阪/にぎやか(どちらも)

五、[例] 机の上に何がありますか。(パソコン/スマホ)

→ パソコンとか、スマホとかがあります。

1. 部屋に何がありますか。(ベッド/本棚)

2. 冷蔵庫に何がありますか。(野菜/ジュース)

3. 図書館にどんな本がありますか(英語の本/日本語の雑誌)

4. 朝ご飯のとき、何を食べますか。(パン/果物)

練習B 会話練習

一、[例] 飲み物/コーヒー/紅茶

→ A:①飲み物はいかがですか。

B:ありがとうございます。

A:②コーヒーと③紅茶とどちらがいいですか。

B:②コーヒーをお願いします。

1. ① 果物　　　　② りんご　　　　③ バナナ

2. ① ジュース　　②　オレンジジュース　　③　野菜ジュース

3. ① 飲み物　　②　ビール　　③　ワイン

二、[例]　スポーツの中で、野球がいちばん好きですか。（テニス）

　　→　いいえ、野球も好きですが、テニスほどではありません。

1. お茶の中で、ウーロン茶がいちばん好きですか。（プーアール茶）
2. クラスで、劉さんがいちばん人気ですか。（黄さん）
3. 一年で、12月がいちばん忙しいですか。（3月）
4. 電車の中で特急がいちばん速いですか。（新幹線）

三、[例]　軽井沢/スキー/スケート/する

　　→　A:軽井沢へ行ったとき、何をしましたか。

　　　　B:スキーとか、スケートとかをしました。楽しかったですよ。

　　　　A:いいですね。わたしも行きたいです。

1. 沖縄/つり/ダイビング/する
2. 北京/北京ダック/水ギョーザ/食べる
3. ニューヨーク/自由の女神/博物館/見る

四、日汉翻译

1. 最近、試験とかレポートとか、大変忙しいです。
2. スポーツで何がいちばん好きですか。
3. 週末、うちで本を読んだり、インターネットでゲームをしたりします。
4. アイパッドより、パソコンのほうが便利です。
5. 今週と来週、どちらが忙しいですか。

五、汉日翻译

1. 体育运动中，我最喜欢游泳。

2. 肉和鱼，你喜欢哪样？

3. 墙上有张海报。

4. 比起英语，我更喜欢日语。

5. 今天很忙，但是没有昨天忙。

理解当代中国

　　青年强，则国家强。当代中国青年生逢其时，施展才干的舞台无比广阔，实现梦想的前景无比光明。全党要把青年工作作为战略性工作来抓，用党的科学理论武装青年，用党的初心使命感召青年，做青年朋友的知心人、青年工作的热心人、青年群众的引路人。广大青年要坚定不移听党话、跟党走，怀抱梦想又脚踏实地，敢想敢为又善作善成，立志做有理想、敢担当、能吃苦、肯奋斗的新时代好青年，让青春在全面建设社会主义现代化国家的火热实践中绽放绚丽之花。

　　https：//www.gov.cn/xinwen/2022－10/25/content_5721685.htm 中华人民共和国中央人民政府

第7課
インターネットもあるし、お風呂もあるし、慣れました

渡边老师和小刘在谈论社交媒体,还有自己在中国的生活。

I. 学習ポイント　文法機能・文型

1. 「微信（ウェイシン）」の使い方が分かりますか。
2. 「微信（ウェイシン）」はとても使いやすいですね。
3. わたしのアイパッドは重くて、持ちにくいです。
4. これはアイパッドミニです。重さと大きさがちょうどいいです。
5. お風呂もあるし、インターネットもあるし、便利です。

II. 基本会話

1. A：劉（りゅう）さん、「微信（ウェイシン）」の使い方が分かりますか。

B：はい。分かります。アプリをダウンロードしましたか。

A：いいえ、まだです。ダウンロードの仕方が分かりません。

B：そうですか。じゃ、わたしがダウンロードします。

2. A：「微信」はとても使いやすいですね。

B：はい、中国人は「微信」を使う人が多いですから、便利です。

A：日本ではLINEを使う人が多いです。「微信」は知りませんでした。

B：ラインも使いやすいですね。わたしは両方を使っています。

3. A：先生のアイパッドは小さいですね。

B：はい。これはアイパッドミニです。重さと大きさがちょうどいいです。

A：そうですね。わたしのアイパッドは重くて、持ちにくいです。

B：でも、見やすいから、いいじゃないですか。

4. A：中国での生活はいかがですか。

B：もうだいぶ慣れましたよ。

A：最初はどうでしたか。

B：最初の頃は、お風呂もなかったし、日本の番組もありませんでした。

今は、インターネットもあるし、お風呂もあるし、慣れました。

III. 応用会話

（下课后，渡辺老师和小刘在聊天。）

渡辺先生：劉さん、学生たちは「微信」を使っていますね。使い方が分かりますか。

劉　さん：はい。分かります。アプリが必要です。ダウンロードしましたか。

渡辺先生：いいえ。そのダウンロードの仕方が分かりません。

劉　さん：そうですか。じゃ、わたしがダウンロードします。（下载后）はい。これです。

渡辺先生：ありがとう。「微信」はとても使いやすいですね。

劉　さん：はい、中国人は「微信」を使う人が多いですから、便利です。

渡辺先生：日本ではラインを使う人が多いです。「微信」は知りませんでした。

劉　　さん：LINEも使いやすいですよね。わたしは両方を使っています。先生のアイパッドは小さいですね。

渡辺先生：はい。これはアイパッドミニです。重さと大きさがちょうどいいです。

劉　　さん：そうですね。わたしのアイパッドは重くて、持ちにくいです。

渡辺先生：でも、見やすいから、いいじゃないですか。

劉　　さん：はい。ところで、中国での生活はいかがですか。

渡辺先生：おかげさまで、だいぶ慣れました。

劉　　さん：最初はどうでしたか。

渡辺先生：最初の頃は、お風呂もなかったし、日本の番組もありませんでした。

劉　　さん：そうですね。中国はあまりお風呂を使いませんからね。

渡辺先生：今のホテルは、インターネットもあるし、お風呂もあるし、すっかり慣れましたよ。

劉　　さん：（半开玩笑）毎日、日本語を使いますし。

渡辺先生：そうそう。みなさん一生懸命、勉強しているから、何よりです。

Ⅳ. 新しい単語

表記/読み/アクセント	品詞/意味
使い方(つかいかた)⓪	[名]用法
インターネット⑤	[名]互联网
風呂(ふろ)①	[名]浴盆、浴池
～やすい	[接尾]容易～
重い(おもい)⓪	[形]重，重的
～にくい	[接尾]难～
アイパッドミニ⑥	[专]迷你平板电脑
重さ(おもさ)⓪	[名]重量
大きさ(おおきさ)⓪	[名]大小
ちょうど⓪	[副]整，正好，正要，刚
アプリ①	[名]应用软件
ダウンロード④	[名]下载
仕方(しかた)⓪	[名]做法

续表

表記/読み/アクセント	品詞/意味
両方(りょうほう)③⓪	[名]双方,两方
いかが②	[副]如何,怎么样
大分(だいぶ)⓪	[副]很,相当,颇
最初(さいしょ)⓪	[名]最初
番組(ばんぐみ)⓪	[名]节目
すっかり③	[副]完全,全部
一生懸命(いっしょうけんめい)⑤	[名・形动]努力,拼命
何より(なにより)①⓪	[连语]比什么都好,最好

V. 学習ポイント解釈

1. [動・マス形]方(かた)

动词的「マス形」接续「方」用来表示做某事的方法。特别是「する」连接「方」变成「しかた」,用途非常广泛。

- ◆ 劉さん、「微信」の使い方が分かりますか。(小刘,你知道微信怎么用吗?)
- ◆ ダウンロードの仕方が分かりません。(我不知道怎么下载。)

2. [動・マス形]やすい

动词的「マス形」接续「やすい」表示该动作容易进行或容易形成某种状态。

- ◆ 「微信」はとても使いやすいですね。(微信很好用。)
- ◆ ラインも使いやすいですね。(LINE 也很好用。)

3. [動・マス形]にくい

动词的「マス形」接续「にくい」表示该动作难以进行或难以形成某种状态。

- ◆ わたしのアイパッドは重くて、持ちにくいです。(我的平板电脑很重,携带很不方便。)
- ◆ このペンは重くて書きにくいです。(这支钢笔又重又难写。)

4. [形]/[形動](語幹)さ

形容词或形容动词的词干接续「さ」,构成名词,表示该形容词或形容动词所表达的"……的

程度"。

- これはアイパッドミニです。重さと大きさがちょうどいいです。（这是迷你平板电脑，大小和重量都正好。）
- 一人で住むから、この部屋の広さはちょうどいいです。（一个人住，这个房间大小正合适。）

5. ～し、～

两个以上的小句可以用「し」连接，表示并列。小句可以是敬体，也可以是简体。小句的主语经常由表示并列的格助词「も」承担。

- お風呂もあるし、インターネットもあるし、便利です。（这里有浴缸，还可上网，很方便。）
- 日本はお米もおいしいし、水もおいしいです。（日本米也好吃，水也好喝。）

VI. 読みましょう

牛丼

わたしは日本に6年間住んでいました。日本で一番おいしかった食べ物は牛丼です。牛丼は安いし、おいしいし、おなかがいっぱいになります。店も明るくて、きれいです。日本に住んでいたとき、毎日食べに行きました。レストランや食堂は値段が高いので、あまり行きませんでした。すしやしゃぶしゃぶも食べました。でも、わたしはあまり好きではありませんでした。やはり、私は牛丼が一番好きです。

授業が終わってから、友達とよく牛丼を食べに行きました。そこでいろいろな話をしました。1年後に、いつも食べている店でアルバイトを始めました。アルバイトは、とても大変でした。鍋は重くて、洗いにくかったです。日本語が分からなくて、たくさん失敗もしました。失敗したとき、店長はとても厳しくて、怖かったです。でも、アルバイトの友達はとてもやさしかったです。

中国に帰ってきて半年です。日本の牛丼が食べたくなります。

牛丼⓪:牛肉盖浇饭　　　　　しゃぶしゃぶ⓪:涮牛(羊猪)肉
なべ(鍋)①:锅,砂锅,火锅

練習

練習A　文法練習

一、[例]　かな/書く

→　かなの書き方

1. スマホ/使う
2. コピー/する
3. 留学/申し込む
4. ビザ/申請する

二、[例]　このペンはすぐ駄目になります。

→　このペンは壊れやすいです。

1. 南向きは、洗濯物がすぐ乾きます。
2. 秋は天気がすぐ変わります。
3. この傘はすぐ壊れます。
4. このワイシャツはすぐ色が落ちます。

三、[例]　この肉/食べる

→　この肉は食べにくいです。

1. この薬/飲む
2. このパソコン/使う
3. この道/歩く
4. この教室/使う

四、[例]　この机/高い

→　この机の高さはちょうどいいです。

1. スマホ/大きい
2. このステーキ/厚い
3. 百円ショップ/安い
4. 電車のつり革/高さ

五、［例］　日本語/漢字が多い/カタカナ語も多い/難しい

　　　→　　日本語は漢字も多いし、カタカナ語も多いし、難しいです。

1. 日本/食べ物もおいしい/温泉もいい/住みやすい

2. ヨーロッパ旅行/言葉も分からない/食べ物も違う/大変

3. 藤原君/頭もいい/イケメン/女の子に人気がある

4. この大学/先生が優しい/就職率が高い/学生に人気がある

練習B　会話練習

一、［例］　画面が小さい/使う

　　　A：このケータイはいかがですか。

　　　B：画面が小さくて使いにくいです。

1. このパソコンはどうですか。（古い/使う）

2. 納豆という食べ物を知っていますか。（ええ、においが強い/ちょっと食べる）

3. この辺はにぎやかで便利ですね。（でも、うるさい/暮らす）

4. この辺は静かでいいですね。（でも、スーパー/バス停/遠い/生活する）

二、［例］　スマホ/使い方が簡単/画面も大きい/見る

　　　A：すみません、いちばん人気があるスマホはどれですか。

　　　B：こちらです。使い方が簡単で、画面も大きくて見やすいですよ。

　　　A：そうですか。ありがとう。

1. パソコン/軽い/丈夫/操作が簡単

2. 料理/安い/量が多い/作り方が簡単

3. 映画/おもしろい/心の動きが分かる/人の心の動き方が分かりやすい

三、［例］　部屋/明るい/広い

　　　A：この部屋はどうですか。

　　　B：明るいし、広いし、いいですよ。

　　　　A: そうですか。それは良かったですね。

1. 電子辞書/値段が安い/単語が多い

2. 学校/施設が新しい/先生が親切

3. 教科書/文章が新しい/文法の説明が分かりやすい

四、日汉翻译

1. このスマホの使い方が良く分かりません。

2. この薬は苦くないから、飲みやすいです。

3. 食堂の前の道は歩きにくいです。

4. この本の厚さはちょうどいいです。

5. 年末は、クリスマスもあるし、試験もあるし、忙しいです。

五、汉日翻译

1. 请教我微信的用法。

2. 这类智能手机不好用。

3. 她的提问,很难答复。

4. 学校的游泳池大概有2米深吧。

5. 这家商场不仅商品少,而且价格贵,再也不来了。

理解当代中国

　　全面建设社会主义现代化国家,最艰巨最繁重的任务仍然在农村。坚持农业农村优先发展,坚持城乡融合发展,畅通城乡要素流动。加快建设农业强国,扎实推动乡村产业、人才、文化、生态、组织振兴。全方位夯实粮食安全根基,全面落实粮食安全党政同责,牢牢守住十八亿亩耕地红线,逐步把永久基本农田全部建成高标准农田,深入实施种业振兴行动,强化农业科技和装备支撑,健全种粮农民收益保障机制和主产区利益补偿机制,确保中国人的饭碗牢牢端在自己手中。树立大食物观,发展设施农业,构建多元化食物供给体系。

　　　https://www.gov.cn/xinwen/2022-10/25/content_5721685.htm 中华人民共和国中央人民政府

第 8 課
南京東路は歩行者天国で、車は通ってはいけません

場景

渡边老师计划黄金周期间去上海观光,向王老师打听有关中国的交通情况。在中国,买高铁车票时出示身份证或者护照即可,准时出发和准点到达,非常方便。于是渡边老师选择乘高铁去上海。

I. 学習ポイント　文法機能・文型

1. 上海のことを聞いてもいいですか。
2. 連休の間、連絡してもかまいません。
3. 車が多いから、油断してはいけません。
4. 高鉄のチケットはパスポートを提示しなくもいいですか。
5. 高鉄のチケットもパスポートを提示しなくてはいけません。
6. タクシーで行きますから、送らなくてもかまいません。

II. 基本会話

1. A：王先生、上海のことを聞いてもいいですか。

   B：はい。どうぞ。

   A：飛行機のチケットはパスポートが必要ですが、高鉄は提示しなくもいいですか。

   B：いいえ、高鉄のチケットもパスポートを提示しなくてはいけません。

2. A：高鉄に乗るときに、パスポートを提示しなくてはいけませんか。

   B：いいえ。パスポートを提示しなくてもかまいません。

   A：そうですか。じゃ、高鉄のほうが便利ですね。

   B：そうですね。ダイヤもあまり乱れないし、高鉄のほうがいいです。

3. A：来週上海に行きますか。

   B：はい。連休の間、連絡してもかまいませんか。

   A：はい、かまいませんよ。メールとか、微信とかで。電話してもかまいません。

   B：ありがとうございます。

III. 応用会話

（渡辺老师在向王老师打听中国的交通情况。）

渡辺先生：王先生、来週の週末に上海に行きます。交通のことを聞いてもいいですか。

王　先生：はい。どうぞ。

渡辺先生：飛行機のチケットの購入はパスポートが必要ですが、高鉄は提示しなくもいいですよね。

王　先生：いいえ、高鉄のチケットもパスポートを提示しなくてはいけません。

渡辺先生：高鉄に乗るときも、パスポートを提示しなくてはいけませんか。

王　先生：いいえ。乗るときは、パスポートを提示しなくてもかまいません。

渡辺先生：そうですか。じゃ、高鉄のほうが便利ですね。

王　先生：そうですね。ダイヤもあまり乱れないし、高鉄のほうがいいです。

渡辺先生：じゃ、高鉄で行きます。

王　先生：駅まで送りましょうか。

渡辺先生：ありがとうございます。でも、タクシーで行きますから、送らなくてもかまいません。連休の間、分からないときは、連絡してもかまいませんか。

王　先生：ええ、かまいませんよ。メールとか、微信とかで。電話してもかまいません。

渡辺先生：それは心強いです。ありがとうございます。

（到了上海后，渡边马上就用微信联系了王老师。）

渡辺先生：王先生、無事、上海に着きました。今、南京路にいます。

王　先生：そうですか。バンド近くの南京東路は歩行者天国で、有名なところです。

渡辺先生：はい。ここは車は通ってはいけませんから、人がいっぱいで、大変にぎやかです。

王　先生：横からの車が多いから、油断してはいけませんよ。

渡辺先生：分かりました。

（过了一会儿。）

渡辺先生：バンドに来ました。古い立派な建物がたくさん並んでいて、ヨーロッパにいる感じです。

王　先生：はい。日本の建築もありますよ。中に入ってはいけない建物もありますが、説明プレートがあります。

渡辺先生：そうですか。初めて聞きました。テレビタワーも高いですね。

王　先生：はい。あれは上海のシンボルで、東方明珠というテレビタワーです。でも、スカイツリーほど高くありません。468メートルしかありません。

渡辺先生：なるほど。上海センターがいちばん高いですか。

王　先生：そうです。確か632メートルですが。

渡辺先生：上海センターは上ってもいいですか。

王　先生：はい。展望台がありますが、有料になります。

渡辺先生：よく分かりました。休日、お邪魔いたしまして、申し訳ありません。

王　先生：いいえ。ぜんぜんかまいません。ゆっくり楽しんでください。

Ⅳ. 新しい単語

表記/読み/アクセント	品詞/意味
歩行者天国(ほこうしゃてんごく)⑤	[名]步行街
通る(とおる)①	[他五]通过,通行,穿过
連休(れんきゅう)⓪	[名]连休
連絡(れんらく)⓪	[名・自他サ]联系,联络
メール⓪	[名]邮件,电子邮件
油断(ゆだん)⓪	[名・自サ]粗心,不小心
パスポート③	[名]护照
提示(ていじ)①⓪	[名・他サ]出示
ダイヤ①⓪	[名]时刻表
乱れる(みだれる)③	[自一]杂乱,紊乱;动荡
購入(こうにゅう)⓪	[名・他サ]购买,购入
心強い(こころづよい)⑤	[形]有信心,有自信
無事(ぶじ)⓪	[名・形动]平安,无事
着く(つく)②①	[自五]到达
ヨーロッパ③	[名]欧洲
建築(けんちく)⓪	[名・他サ]建筑
プレート⓪	[名]板子,牌子
シンボル①	[名]象征
ムサシ①⓪	[名]武藏(地名),本文中隐喻天空树的高度为634米
及ぶ(およぶ)⓪	[自五]及,涉及
上る(のぼる)⓪	[自五]上,登
有料(ゆうりょう)⓪	[名]收费
休日(きゅうじつ)⓪	[名]休息日,假日
邪魔(じゃま)⓪	[名・形动・他サ]打扰,妨碍,干扰
申し訳(もうしわけ)⓪	[名]申辩,辩解

Ⅴ. 学習ポイント解釈

1. [動・テ形]てもいいです

　　动词「テ形」后接「てもいい」表示许可,是"可以""允许""也行"的意思。这个句型也可以用「～てもよいです」表达。

◆ 上海のことを聞いてもいいですか。（我可以向你打听一些关于上海的事情吗？）

◆ タバコを吸ってもいいですか。（可以抽烟吗？）

2. ［動・テ形］てもかまいません

动词「テ形」后接「てもかまいません」虽然也表示许可，但有"原本不应该，但还是同意了"的含义，可译成"也行""也可以""也没关系"。

◆ 連休の間、分からないときは、連絡してもかまいませんか。（连休期间，遇到什么不明白的可以和你联系吗？）

◆ LINE とか、微信とかで。電話してもかまいません。（LINE 或者微信都可以，打电话也没有关系。）

3. ［動・テ形］てはいけません

动词「テ形」后接「てはいけません」表示禁止，是对某个动作或行为的责难，可译成"不好""不行""不可以"。

◆ 車が多いから、油断してはいけません。（车子很多，不能大意了。）

◆ ここは車は通ってはいけません。（这里车辆不能通行。）

4. ［動・ナイ形］なくてもいいです

动词「ナイ形」后接「なくてもいいです」表示不必要或没有必要做某事，是"不……也行"的意思。这个句型也可以用「なくてもよいです」表达。

◆ 高鉄のチケットはパスポートを提示しなくもいいですか。（高铁车票不用出示护照也可以〈买〉吗？）

◆ 週末は学校へ行かなくてもいいです。（周末可以不用去学校。）

5. ［動・ナイ形］なくてはいけません

动词「ナイ形」后接「なくてはいけません」表示义务，是"不……不行"的意思。

◆ 高鉄のチケットもパスポートを提示しなくてはいけません。（〈买〉高铁车票也需要出示护照。）

◆ 図書館の本を返さなくてはいけません。（图书馆的书一定要还。）

6. ［動・ナイ形］なくてもかまいません

　　动词「ナイ形」后接「なくてもかまいません」虽然也表示"不必要"的意思，但有"原本应该做到某种程度，但做不到或不做也无妨"的含义，是"没必要……""不……也行，（不会影响到……）"的意思。

◆ タクシーで行きますから、送らなくてもかまいません。（我打车去，不送也没关系。）

◆ 高鉄に乗るときも、パスポートを提示しなくてもかまいません。（坐高铁的时候，也可以不用出示护照。）

Ⅵ. 読みましょう

日本のマナー

　　日本にはたくさんのマナーがあります。電車やバスの中で、携帯電話で話したり、大声で話したりしてはいけません。電車やバスの中で、話さなければならないときは、小さい声で話します。ですから、電話で話すより、メールをする方が多くなります。何度もメールするのはとても大変です。電話で話した方がずっと早いです。しかし、電話するときは、一度、携帯電話にメールして、電話をかけてもいいかと聞きましょう。携帯電話は便利ですが、マナーに注意しましょう。

　　電話をかけるときは、夜9時までにします。9時以降に電話する相手は、家族や恋人や親友だけです。9時以降に連絡するときは、メールやラインを使いましょう。ラインは便利ですが、メッセージを読んだらすぐに返事をしましょう。メッセージを読んでも返事しないのは「既読無視」です。メッセージを読むと、相手に「既読」が出ます。ですから、ラインのメッセージを読んだら、必ず返事をしましょう。

注．マナー（manner(s)）①：礼仪，礼貌　　　　　　ちゅういする（注意する）①：注意，留意
　　メッセージ（message）①：留言，消息　　　　　へんじ（返事）③：回复，回信
　　きどく（既読）⓪：已阅　　　　　　　　　　　　むし（無視）①：无视

練習A 文法練習

一、[例] ドアを閉めます

　　→ すみません。ドアを閉めてもいいですか。

1. テレビを見ます
2. 辞書を使います
3. 窓を開けます
4. エアコンをつけます

二、[例] 写真を撮ります

　　→ ここで、写真を撮ってはいけません。

1. ケータイを使います
2. サッカーをします
3. タバコを吸います
4. 電話をします

三、[例] 病気ですから、必ず薬を飲みます。

　　→ 病気ですから、必ず薬を飲まなくてはいけません。

1. 学生ですから、必ず宿題をします。
2. 日本に住んでいますから、消費税を払います。
3. 日本で働いていますから、税金を払います。
4. 友達と約束しましたから、守ります。

四、[例] 部屋に入るとき、靴を脱ぎません。

　　→ 部屋に入るとき、靴を脱がなくてもいいです。

1. あしたは病院へ行きません。
2. 日本と中国のホテルに泊まるとき、チップを渡しません。
3. 日曜日ですから、早く起きません。
4. 嫌いなものは食べません。

練習 B 会話練習

一、[例] この本を借ります
　　→ この本を借りてもいいですか。

1. 辞書を使います
2. ケータイを使います
3. タバコを吸います
4. ここに自転車を置きます

二、[例] あしたまでに、レポートを提出しなくてはいけませんか。（金曜日まで）
　　→ いいえ、金曜日まででかまいません。

1. あした、入管にいかなくてはいけませんか。（今週中）
2. 5時までに、レポートを書かなくてはいけませんか。（あしたの朝8時まで）
3. 今月末までに、授業料を払わなくてはいけませんか。（来月末まで）
4. わたしが出張しなくてはいけませんか。（誰でも）

三、[例] タバコを吸う/禁煙
　　A：すみません、タバコをすってもいいですか。
　　B：あ、禁煙ですよ。ほら、あそこに書いてありますから。
　　A：そうですか。

1. ここに車を止めます/駐車禁止
2. 写真を撮ります/撮影禁止
3. ここにごみを捨てます/ゴミ捨て禁止
4. 動物にエサをやります/エサ投与禁止

四、[例] 隣の席/座る
　　→ A：すみません、隣の席に座ってもいいですか。
　　B：ええ、どうぞ、かまいませんよ。
　　A：どうも。

1. 暑いですから/窓を開けます

2. ちょっと寒いから/エアコンを止めます

3. ペン/借ります

4. 電話/借ります

五、日汉翻译

1. 車を運転しますから、お酒を飲まないでください。

2. あした、会議があるので、8時10分前に学校に着かなくてはいけません。

3. 大丈夫ですよ、あわてなくてもいいです。

4. 日本語コーナーですから、日本語で話さなくてはいけません。

5. 学校の売店は、カードで払ってもかまいません。

六、汉日翻译

1. 平时很认真，考试前不复习也没有关系。

2. 小论文必须周五4点之前提交。

3. 今天下午没有课，可以出去逛逛。

4. 上课绝对不允许迟到。

5. 我学日语是喜欢日本动漫，毕业后不去日本企业工作也没有关系。

理解当代中国

　　我们深入贯彻以人民为中心的发展思想，在幼有所育、学有所教、劳有所得、病有所医、老有所养、住有所居、弱有所扶上持续用力，人民生活全方位改善。人均预期寿命增长到七十八点二岁。居民人均可支配收入从一万六千五百元增加到三万五千一百元。城镇新增就业年均一千三百万人以上。建成世界上规模最大的教育体系、社会保障体系、医疗卫生体系，教育普及水平实现历史性跨越，基本养老保险覆盖十亿四千万人，基本医疗保险参保率稳定在百分之九十五。

　　习近平：《高举中国特色社会主义伟大旗帜　为全面建设社会主义现代化国家而团结奋斗——在中国共产党第二十次全国代表大会上的报告》(中华人民共和国中央人民政府 https://www.gov.cn/xinwen/2022-10/25/content_5721685.htm)

第 9 課

見るのはパンダだけでいいのです

場景 渡边老师以前教过的学生现在上海工作，晚上，渡边老师受邀与之共进晚餐。学生建议渡边老师，在去苏州之前，可以先去上海动物园看一看大熊猫。

I. 学習ポイント　文法機能・文型

1. 虹橋駅が近い**ので**、高鉄のほうが速くて便利です。
2. 看板にそう書いてある**のに**、エサを投げる人がいるね。
3. パンダを見たい**の(ん)**です。
4. パンダを見たくなりました。**それで**、見に来ました。
5. 見る**の**はパンダだけでいい**の(ん)**です。

    パンダが笹を食べる**の**を見て、楽しくなりますね。

    わたしはそれを見る**の**が好きです。

Ⅱ. 基本会話

1. A：すみません、蘇州へ行きたいのですが、高鉄と高速バスと、どちらが便利ですか。
   B：虹橋駅はホテルから近いので、高鉄のほうが速くて便利です。
   A：そうですか。ありがとうございました。

2. A：あした10時の高鉄で蘇州へ行く前に、上海動物園へ行って、パンダを見たいのですが。
   B：上海動物園は一日かかるので、無理ですね。
   A：見るのはパンダだけでいいんです。
   B：パンダだけですか。虹橋駅は動物園から近いので、間に合いますね。

3. A："禁止喂食"という看板があるんです。それはどういう意味ですか。
   B：あれは「エサを与えてはいけない」という意味ですね。
   A：やっぱり。看板にそう書いてあるのに、エサを投げる人がいるんですか。
   B：たまにいます。

4. A：パンダを見ましたか。
   B：はい、見ました。
   A：きょうは一日動物園ですか。
   B：いいえ。きょうは蘇州へ行く予定ですが、パンダの顔を見たくなりました。それで、見に来ました。

Ⅲ. 応用会話

（在宾馆）

渡辺先生：すみません、蘇州へ行きたいのですが、高鉄と高速バスと、どちらが便利ですか。

ホテルマン：虹橋駅はホテルから近いので、高鉄のほうが速くて便利です。

渡辺先生：そうですか。じゃ、あした10時の切符を予約したいのですが、お願いしてもいいですか。

ホテルマン：はい。分かりました。

（晩上，渡辺老师和往届毕业生边用餐边交谈。）

教え子　　：先生が泊まったホテルは上海動物園に近いのですが、パンダを見に行きましたか。

渡辺先生　：パンダ？ 上海にパンダがいるんですか。

教え子　　：はい。上海動物園にいますよ。

渡辺先生　：そうですか。それは知りませんでした。でも、あした、蘇州へ行くので、今回は無理ですね。

教え子　　：あした何時の切符ですか。

渡辺先生　：朝10時です。

教え子　　：上海動物園は虹橋駅に近いし、朝6時半から開くので、間に合いますよ。

渡辺先生　：朝6時半からですか。それは十分、間に合いますね。見るのはパンダだけでいいんです。

（一大早，渡辺老师在动物园用微信与小刘通话。）

渡辺先生　：劉さん、おはようございます。ちょっと聞いてもいいかな？

劉　さん　：先生、おはようございます。どうぞ。

渡辺先生　：今、上海動物園にパンダを見に来ました。

劉　さん　：パンダですか。わたしも見たいですね。

渡辺先生　：あのね、"禁止喂食"という看板があるんです。それはどういう意味ですか。

劉　さん　：あれは「エサを与えてはいけない」という意味ですね。

渡辺先生　：看板にそう書いてあるのに、エサを投げる人がいるんですか。

劉　さん　：たまにいますね。ところで、先生はきょう、蘇州の予定じゃなかったんですか。

渡辺先生　：蘇州の予定だったんですが、その前に、パンダを見たくなりました。それで、見に来ました。(^_^)

劉　さん　：そうですか。パンダを見るのが好きですね。

渡辺先生：はい、パンダが大好きですから、それで、朝6時に起きたんですよ。これから、蘇州へ行きます。

劉さん：お気をつけて。

Ⅳ. 新しい単語

表記/読み/アクセント	品詞/意味
パンダ①	[名]熊猫
虹橋駅(ホンチャオ・えき)⑤	[名]虹桥火车站
動物園(どうぶつえん)④	[名]动物园
書く(かく)①	[他五]写,书写
投げる(なげる)②	[他一]投,扔,推
顔(かお)⓪	[名]脸
笹(ささ)⓪	[名]小竹子,嫩竹子
蘇州(そしゅう)①	[专]苏州(地名)
無理(むり)①	[名・形动・自サ]勉强,难以实现
間に合う(まにあう)③	[自五]赶得上,来得及
与える(あたえる)⓪	[他一]给,给予,使蒙受
しかも②	[接]而且,并且,进而
予定(よてい)⓪	[名・他サ]预先决定,预定
高速(こうそく)⓪	[名]高速
切符(きっぷ)⓪	[名]票
あのね③	[叹]语气词
全く(まったく)⓪	[副]完全,全然

Ⅴ. 学習ポイント解釈

1. ～ので、～

「ので」承接两个小句,表示前一小句所描述的内容是后一小句的原因或理由。

◆ 暑いので、窓を開けました。(因为太热,把窗户打开了。)

◆ 今朝は電車の事故があったので、会議に遅れました。(今天早上因为电车出了事故,所

以开会迟到了。)

「ので」与「から」都表示原因或理由,但是,「から」多表示主观判断的原因,「ので」则多表示客观的原因。使用时要注意场合。因为交通事故而导致上班迟到,到底是用「から」还是「ので」,反映了说话人对迟到这一结果的主观态度。

动词和形容词接续「ので」时,多用简体;名词和形容动词词干则要加「な」后接续「ので」。

品詞	動	形容詞	形容動詞	名詞
から	ありましたから	おいしいから	便利だから	事故だから
ので	あったので	おいしいので	便利なので	事故なので

2. ～のに、～

「のに」连接两个小句,起转折作用,表示前后两个小句的内容有矛盾。动词和形容词后续「のに」时要用简体,名词和形容动词词干则要加「な」后接续「のに」。

- ◆ 京都へ旅行に行ったのに、お土産を買いませんでした。(虽然去了京都旅行,但是没有买土特产。)
- ◆ 5月なのに、雪が降りました。(虽然是5月,却下雪了。)

3. ～のです/んです

「～のです」多用来表示与前面的话题有关的原因或理由,口语中常用「んです」的形式表示。动词、形容词后续「～のです」时要用简体,名词和形容动词词干则要加「な」后接续「～のです」。

- ◆ 顔色が悪いですね。どうしたのですか?(脸色不好啊,怎么啦?)

    ——風邪をひいて熱があるの/んです。(感冒引起了发烧。)

    ——頭が痛いの/んです。(头疼啊。)

- ◆ けっこう並んでいますね。(队排得很长啊。)

    ——ええ、この店は有名なんです。(是啊,因为这家店有名啊。)

4. ～。それで、～

「それで」用于连接两个小句,表明后一小句以前一小句为理由得出结论。

◆ 台風が来ました。それで、飛行機が飛びませんでした。（台风来了，所以飞机没有起飞。）

◆ 体の調子がよくありません。それで、毎日、薬を飲んでいます。（身体不太好，所以每天在吃药。）

5. ～のは/のを/のが

　　动词连体形接续「の」，构成名词形式。此时再后接「は」「を」「が」，可构成「のは」「のを」「のが」的形式，分别表示句子的主题、动作的对象及主题的某些特征。其中，「～のが」往往后接表示说话人的主观判断的词，如「上手・下手・好き・嫌い・得意・苦手」等。

◆ みんないっしょに食事をする**のは**楽しいです。（大家一起吃饭很开心。）

◆ きのうの夜、サッカーの試合を見る**のを**忘れました。（昨天晚上忘记看足球比赛了。）

◆ 劉さんは日本語を話す**のが**上手です。（小刘日语说得很好。）

VI. 読みましょう

インフルエンザ

　　先週の日曜日、体の調子が悪いので、病院へ行きました。病院はとても混んでいました。インフルエンザがはやっているので、咳をする人がたくさんいました。病院で2時間くらい待ちました。わたしもインフルエンザの検査をしました。

　　インフルエンザにかかった人は、5日間、学校や会社に行ってはいけません。インフルエンザはほかの人にうつるからです。

　　わたしもインフルエンザだったので、5日間、学校を休みました。薬を飲んで、熱はすぐに下がりました。わたしは元気になりました。しかし、学校へ行ってはいけません。熱がないのに、寝ているのは大変でした。ずっと一人でしたから、とても暇でした。家でテレビを見たり、ゲームをしたりしました。一人で遊ぶのは面白くありませんでした。

　　今まで、勉強も宿題もあまり好きではなかったのに、今は勉強や宿題が好きになりまし

た。5日間、一人で家にいるより、学校で勉強した方が楽しいからです。友達と一緒に勉強するのは本当に楽しいです。

注　インフルエンザ(influenza)⑤:流行性感冒　　　けんさ(検査)①:检查
　　咳(せき)②:咳嗽

練習

練習A　文法練習

一、［例］　風邪が強いです／窓を閉めます

　　→　風邪が強いので、窓を閉めます。

1. おなかが痛いです／病院へ行きます
2. きょうは母の誕生日です／うちへ帰ります
3. 電車が遅れました／遅刻しました
4. 台風が来ています／学校は休みです

二、［例］　頑張りました／失敗しました

　　→　頑張ったのに、失敗しました。

1. 勉強しませんでした／テストは100点でした
2. たくさんアルバイトしました／お金がありません
3. たくさん勉強しました／テストは0点でした
4. あした試験です／友達が遊びに来ました

三、［例］　お湯が出ません。

　　→　すみません、お湯が出ないのですが…

1. ゴミを捨てたいです。　　　　　　2. あしたは休みです。
3. 電話がありません。　　　　　　　4. 時間がありません。

四、[例]　絵をかきます/楽しいです

→　絵をかくのは楽しいです。

1. 毎日3時間勉強します/難しいです
2. 窓を閉めます/忘れました
3. 映画を見ます/好きです
4. 毎日勉強します/つまらないです

練習B　会話練習

一、[例]　雨が降っています/窓を閉めます

→　雨が降っているので、窓を閉めてもいいですか。

　　——ええ、どうぞ。

1. 分からない言葉があります/辞書を使います
2. 疲れました/休憩します
3. 消しゴムを忘れました/隣の人に借ります
4. 体の調子が悪いです/トイレへ行きます

二、[例]　どうしたのですか。（頭が痛いです）

→　頭が痛いのです。

1. どうしたのですか。（電車が遅れました）
2. どうしたのですか。（病院へ行きました）
3. どうしたのですか。（お財布がありません）
4. どうしたのですか。（ケータイを忘れました）

三、[例]　安い/おいしい

→　A：あの店はいつも人が多いですね。

　　B：ええ、①安くて、②おいしいの(ん)ですよ。

　　A：それで、いつも人が多いの(ん)ですね。

1. ① ちょっと高いです　　② とてもおいしいです
2. ① 有名な店です　　　　② 時々雑誌に載っています

3. ① 店が広いです　　　　　② とてもきれいです

四、[例]　食事をする/試験がある/勉強する

　→　A:今晩、いっしょに①食事をしませんか。

　　　B:すみません。あした、②試験があるので、③きょうは勉強します。

　　　A:そうですか。残念ですね。

1. ① ビールを飲む　　② 仕事があります　　③ 残業します
2. ① 映画を見る　　　② 用事があります　　③ 帰ります
3. ① 遊びに行く　　　② 宿題があります　　③ 勉強します

五、从括号中选出合适的词。

[例]おなかの調子があまりよくありません。(それで/しかし/そして)、早退して病院へ行きたいです。

1. 日本語は英語より簡単です。(それで/しかし/そして)、日本語を勉強しています。

2. 飛行機の運賃は高いです。(それで/しかし/そして)、速いです。

3. 牛丼は安いです。(それで/しかし/そして)、おいしいですから、よく食べます。

4. 来週、弟の結婚式があります。(それで/しかし/そして)、来週の木曜日と金曜日、休みたいんですが…

六、日汉翻译

1. 金さんは未成年なので、お酒を飲んではいけません。

2. きのう、授業を休んだのは、熱が出たからです。

3. あしたから連休に入ります。それで、旅行したいんです。

4. 家族といっしょに食事をするのは楽しいです。

5. きのう、オリンピックのサッカーの試合を見るのを忘れました。

6. 日本では、買い物するときは、消費税を払わなければなりません。

七、汉日翻译

1. 因为太热了，所以我将窗户打开了。

2. 放假时去了日本，但是忘了买礼品。

3. 中国梦会让人们的生活更加美好。

4. 因为没有时间，所以，这次就不见面了。

5. 昨天忘了提交小论文。

6. 那家店因为价格便宜，服务态度好，所以总是排队。

理解当代中国

　　中国式现代化，是中国共产党领导的社会主义现代化，既有各国现代化的共同特征，更有基于自己国情的中国特色。中国式现代化是全体人民共同富裕的现代化。共同富裕是中国特色社会主义的本质要求，也是一个长期的历史过程。我们坚持把实现人民对美好生活的向往作为现代化建设的出发点和落脚点，着力维护和促进社会公平正义，着力促进全体人民共同富裕，坚决防止两极分化。

　　习近平:《高举中国特色社会主义伟大旗帜　为全面建设社会主义现代化国家而团结奋斗——在中国共产党第二十次全国代表大会上的报告》(中华人民共和国中央人民政府 https://www.gov.cn/xinwen/2022-10/25/content_5721685.htm)

第10課

上海料理は辛くないから、日本人の口に合うかもしれません

場面

长假结束，渡边老师从苏州回到了学校，和王老师、小刘他们一起聊起了旅途见闻。

I. 学習ポイント　文法機能・文型

1. 北京は歴史の町ですから、そのうち、ぜひ行きたいと思います。
2. 上海料理は辛くないから、日本人の口に合うかもしれません。
3. 小さな町だったはずですが、大きな都会になりました。
4. 渡辺先生は中国語ができますか。
5. わたしは上野動物園へ行ったことがありますが、上海動物園はまだ行ったことがありません。

Ⅱ. 基本会話

1. A：上海はどうでしたか。
   B：とても楽しかったですよ。高層ビルが多くて、料理もおいしかったです。
   A：上海料理は辛くないから、日本人の口に合うかもしれません。
   B：はい、そうです。マーボー豆腐は辛いはずですが、ぜんぜん辛くありませんでした。

2. A：上海動物園は広くて、動物の種類が多いですね。
   B：そうですか。わたしは上野動物園へ行ったことがありますが、上海動物園はまだ行ったことがありません。
   A：パンダがかわいくて、見るだけで楽しくなりました。
   B：夏休みに、子どもを連れて、遊びに行きたいと思います。

3. A：蘇州にも行きましたか。
   B：はい。江南水郷のイメージでしたが、高層ビルがいっぱいでしたね。
   A：寒山寺のほうがいいかもしれません。
   B：そうですね。小さな町だったはずですが、大きな都会になりました。

4. A：渡辺先生は中国語ができますか。
   B：あまりできません。"你好"とか"谢谢"など、挨拶ぐらいです。
   A：じゃ、旅行のとき、困ったことがありますか。
   B：いいえ、ありませんでした。上海も蘇州も卒業生がいたから、助かりました。

Ⅲ. 応用会話

（长假结束，渡边老师同王老师和小刘他们谈起了对上海和苏州的印象。）

王　先生：上海はどうでしたか。

渡辺先生：おかげさまで、とても楽しかったです。高層ビルが多くて、料理もおいしかったです。

王　先生：上海料理は辛くないから、日本人の口に合うかもしれません。

渡辺先生：はい、そうです。マーボー豆腐は辛いはずですが、ぜんぜん辛くありませんでした。

王　先生：上海動物園にも行きましたか。

渡辺先生：はい。卒業生の勧めで行きました。動物の種類が多かったですね。

王　先生：そうですか。わたしは上野動物園へ行ったことがありますが、上海動物園はまだ行ったことがありません。

渡辺先生：そうなんですか。パンダがとてもかわいくて、見るだけで楽しくなりました。

王　先生：夏休みに、子どもを連れて、遊びに行きたいと思います。

渡辺先生：高鉄ができて、便利になりましたね。上海から蘇州まで、あっという間でした。

劉　さん：はい。蘇州の印象はどうでしたか。

渡辺先生：そうですね。江南水郷のイメージでしたが、高層ビルがいっぱいでした。

金　さん：静かな町だったはずですが、大きな都会になりました。

黄　さん：寒山寺のほうがいいかもしれません。

渡辺先生：行ってきましたよ。「月落ち烏啼いて霜天に満つ…」。

金　さん：(没听懂)え、日本語ですか。

渡辺先生：はははは(笑)。これは漢詩です。でも、日本語の読み方で読んでいます。じゃ、書きますね。"月落烏啼霜満天"という有名な唐詩です。

黄　さん：なるほどね。先生は中国語ができるんですか。

渡辺先生：いいえ。"你好"とか"谢谢"とか、挨拶ぐらいだけです。唐詩は学校で習ったことがありますが、中国語はできませんよ。

劉　さん：じゃ、旅行のとき、困ったことがありましたか。

渡辺先生：いいえ、ぜんぜんありませんでした。上海も蘇州も卒業生がいたから、助かりました。

黄　さん：それは良かったです。わたしは北京の広告会社から内定をもらったので、今度ぜひ北京にいらっしゃってください。

渡辺先生：北京は歴史の町ですから、そのうち、ぜひ行きたいと思います。

Ⅳ. 新しい単語

表記/読み/アクセント	品詞/意味
辛い（からい）②	[形]辣的，咸的
口に合う（くちにあう）④	[組]合口味
歴史（れきし）⓪	[名]历史
そのうち⓪	[副]过几天，近日内
都会（とかい）⓪	[名]城市，都市
上野（うえの）⓪	[专]上野（地名）
マーボー豆腐（マーボーどうふ）⑤	[专]麻婆豆腐
江南（こうなん）⓪	[名]江南
水郷（すいごう）⓪	[名]水乡
挨拶（あいさつ）①	[名・自サ]寒暄，打招呼
困る（こまる）②	[自五]苦恼，为难，苦于
勧め（すすめ）⓪	[名]劝导，劝诱
あっという間（あっというま）①	[組]转眼间，一眨眼的功夫
寒山寺（かんざんじ）①	[名]寒山寺
月（つき）②	[名]月亮
烏（からす）①	[名]乌鸦
霜（しも）②	[名]霜
天（てん）①	[名]天
満つ（みつ）①	[自四]充满，满足，涨潮
え①	[叹]唉，哎
漢詩（かんし）⓪	[名]中国古诗
読み方（よみかた）⓪	[名]读法
唐詩（とうし）⓪	[名]唐诗
習う（ならう）②	[他五]学习，练习
広告（こうこく）⓪	[名]广告
内定（ないてい）⓪	[名]内定，内部决定未公布
もらう⓪	[他五]领取，得到，承担，娶

V. 学習ポイント解釈

1. ［動］/［形］［形動な］/［名］と思います

(1) 小句后接「と思います」，表示小句的内容是说话人的主观判断和意见，是"我想……""我认为……""我觉得……""我记得……"的意思。陈述句的主语只能是第一人称。

动词和形容词后续「と思います」时要用简体，名词和形容动词则要加[「だ」接续「と思います」。

◆ 電車はすぐ来ると思います。（我想轻轨马上就会来的。）

◆ スマホは高いと思います。（我觉得智能手机很贵。）

◆ 東京はとてもきれいだと思います。（我觉得东京非常美丽整洁。）

◆ 劉さんは学生だと思います。（我想小刘是学生吧。）

(2)「と思います」的疑问形式，表示询问对方的主观意见和想法。如：

◆ 東京はきれいだと思いますか。（你觉得东京美吗？）

(3) 另外，表达他人的主观判断或想法时，要用「～と思っています」的表达形式。如：

◆ 劉さんはこのバイクは動かないと思っています。（小刘认为这台摩托车开不了。）

(4)「～と思っています」除了表示他人的主观判断之外，根据句子的内容，还可以表示说话人在此之前已经就某事持有的观点或意见。如：

◆ 友達を大事にした方がいいと思っています。（我（一直）认为应该认真对待朋友。）

2. ［動］/［形］/［形動］/［名］かもしれません

小句后接「かもしれません」表示虽然不能断定，但是可能性很大，是"也许……""说不定……""没准儿……"的意思。

动词、形容词、形容动词和名词后续「かもしれません」时都使用简体。口语中，「かもしれません」有时也可以用「かもわからない」表达。在和比较亲近的朋友说话时，经常以省略形式「かも」出现。

◆ 日本人の口に合うかもしれません。（也许合日本人的胃口。）

◆ 東京より上海のほうが暑いかもしれません。（比起东京，上海可能热点。）

◆ あした雨かもしれません。（明天可能会下雨。）

◆ あした暇かもしれません。（明天或许有空。）

3. [動]/[形]/[形動な]/[名詞の]はずです

「はず」原来是"道理"的意思。小句后接「～はずです」表明说话人对某事物处于某状态的合理判断或推测，表示按理该事物应该处于说话人所描述的某种状态，是"应该……""理应……""按说应该……""当然……""肯定……"意思。

动词和形容词后续「はず」时要用简体，形容动词则要加「な」，名词加「の」后接续「はず」。

◆ 劉さんは日本語の辞書を持っているはずです。（小刘应该会有日语词典。）

◆ 上海料理は甘いはずです。（上海菜应该是甜的。）

◆ 劉さんは日本に留学していたから、日本語が上手なはずです。（小刘在日本留过学，不用说日语肯定很好的。）

◆ 蘇州は静かな町だったはずですが、大きな都会になりました。（苏州印象中是安静的小城市，（现在）变成大城市了。）

小句后接「はずがありません」是说话人按照常理对某种事态发生的可能性进行的否定，是"不会……""不可能……"的意思。接续方法与「はず」相同。

◆ 国際電話はただのはずがありません。（国际电话不可能是免费的。）

◆ 福原さんはオリンピック選手ですから、負けるはずがありません。（福原是奥林匹克选手，不会输的。）

4. [名1]は[名2]ができます

「～ができます」表示具有某种能力或可能性，也可以用来表示新出现的事物。

◆ 渡辺先生は微信ができます。（渡边老师会使用微信。）

◆ 藤原君は中国語ができます。（藤原君会中文。）

5. [動・タ形]たことがあります/ありません

（1）动词「タ形」后接「たことがあります」，表示曾经有过的经历。

◆ わたしは日本へ2回行ったことがあります。（我去过2次东京。）

◆ 劉さんは日本に行ったことがあります。（小刘去过日本。）

(2) 如果表示没有某种经历，只要将句尾的「あります」改为「ありません」或「ないです」即可。如：

◆ 黄さんは日本へ行ったことがありません。（小黄没有去过日本。）

◆ 渡辺先生は北京ダックを食べたことがありません。（渡边老师没有吃过北京烤鸭。）

(3) 接续「ことがありません」时，常常与「1回も」「1度も」等表示频度的词呼应，表示完全没有该经历。

◆ 私は日本へ1回も行ったことがありません。（我一次都没有去过京都。）

◆ 渡辺先生は北京ダックを一度も食べたことがありません。（渡边老师一次都没有吃过北京烤鸭。）

VI. 読みましょう

動物園

日本で動物園へ行きましたが、上海動物園は行ったことがありませんでした。だから、先週の日曜日、友だちといっしょに上海動物園へ行きました。

上海動物園へ行くときは、バスより地下鉄の方が便利です。動物園の入り口は地下鉄の出口からとても近いです。4月から9月までは、朝6時半からやっています。10月から3月までは朝7時からです。上野動物園は朝9時半からですから、上海動物園はとても朝が早いです。

中国の動物園ですから、外国人はパンダが一番見たいでしょう。でも、私たちは象のサーカスが楽しかったです。5元でえさを買って、手からえさをやることができました。手から象がえさを食べるので、ちょっと怖かったです。でも、象はとてもかわいかったです。

レストランはとても混んでいました。私たちはお弁当を持っていきましたから、ベンチで食べました。動物を見ながら、ご飯を食べるのは楽しかったです。天気が良かったので、とても暖かかったです。

私たちは、ご飯を食べて帰りました。時間があるとき、また行きたいです。

注 ぞう（象）①：象，大象　　　　サーカス（circus）①：杂技

練習A　文法練習

一、[例]　日本語の勉強はおもしろいです。

　　→　日本語の勉強はおもしろいと思います。

1. 日本の物価は高いです。
2. コンピューターは便利です。
3. あした、雨が降ります。
4. 社長はもう帰りました。

二、[例]　寒いです。雪が降ります。

　　→　寒いですから、雪が降るかもしれません。

1. お昼です。あの店は混んでいます。
2. 頭が痛いです。あした、休みます。
3. 新しい仕事です。少し難しいです。
4. 駅から少し離れています。静かです。

三、[例]　寒いです。窓が開いています。

　　→　窓があいているから、寒いはずです。

1. 眠いです。3時間しか寝ていません。
2. 来ません。入院しています。
3. 暇です。アルバイトをしていません。
4. 休みです。あしたは定休日です。

四、[例]　強いチームです。負けます。

　　→　強いチームですから、負けるはずがありません。

1. 何度も教えました。知りません。
2. 机の上にかぎを置きました。かぎがありません。

3. コンピューターで計算しました。間違えました。

4. 出張しています。李さんです。

五、[例] 富士山に登りました。

→ 富士山に登ったことがあります。

1. 日本のお酒を飲みました。　　　　2. 万里の長城へ行きました。

3. 着物を着ました。　　　　　　　　4. おすしを食べました。

練習B　会話練習

一、[例] 仕事/終わりません/来ません

→ A:鈴木さんはどうしましたか。

B:仕事が終わりませんから、来ないと思います。

1. しゃぶしゃぶの味はどうですか。（少し/甘いです/おいしいです）

2. 日本語の勉強はどうですか。（漢字があります/易しいです）

3. 中国の生活はどうですか。（物価が安いです/生活しやすいです）

4. 新幹線はどうですか。（高いです/速いです/便利です）

二、[例] カラオケに行きます。

はい→　カラオケに行ったことがあります。

いいえ→　カラオケに行ったことはありません。

1. スキーします。（いいえ）

2. ギョーザを作ります。（はい）

3. 日本に行きます。（いいえ）

4. 飛行機に乗ります。（はい）

三、[例]A:①道が　②込んでいますね。

B:ええ、③事故かもしれませんね。

A:困りましたね。

1. ① 電車　　　　　② 止まる　　　　　③ 人身事故
2. ① 飛行機　　　　② 飛ばない　　　　③ 故障
3. ① ドア　　　　　② 閉まる　　　　　③ 休み

四、[例]A：藤原君は、①テニスをしますか。

　　　　B：②試合に出たことがありますから、上手なはずですよ。

　　　　A：そうですか。じゃ、今後、3人で③テニスを　しましょう。

1. ① カラオケをします　　　　② 大会に出ます
   ③ カラオケに行きます
2. ① サッカーをします　　　　② 試合に出ます
   ③ 練習します
3. ① フランス語が分かります　② フランスに留学します
   ③ 勉強します

五、[例]A：鈴木さんは、どうしましたか。

　　　　B：①さっき、連絡がありましたから、②もうすぐ来るはずです。

　　　　A：そうですか。じゃ、③もう少し待ちましょう。

1. ① さっき、電話がありました　② 先に行っています
   ③ 私達も行きます
2. ① 熱があって、帰りました　　② 家で寝ています
   ③ お見舞いに行きます

六、[例]A：①日本についてどう思いますか。

　　　　B：②便利ですが、③物価が高いと思います。

　　　　A：そうですね。わたしもそう思います。

1. ① 最近の若者　　　　　　② いろいろな物を持っています
   ③ 友達が少ないです

2. ① 最近のアニメ　　② 映像がきれいです
　　③ ストーリーがおもしろくないです
3. ① 日本語の先生　　② おもしろいです
　　③ 宿題が多いです

七、日汉翻译

1. 日本料理はおいしいですが、甘いと思います。
2. あした雪が降るかもしれませんが、降らないかもしれません。
3. 藤原君はアメリカに留学しているので、中国に来るはずがありません。
4. 渡辺先生は水ギョーザができるんです。
5. わたしは富士山に登ったことがあります。

八、汉日翻译

1. 我觉得这款手机不错。
2. 我明年或许去日本留学，也有可能去英国留学。
3. 会议不可能在5点之前结束。
4. 小黄会包饺子，但是不会做菜。
5. 小刘去过日本，但是没有去京都。

理解当代中国

　　教育、科技、人才是全面建设社会主义现代化国家的基础性、战略性支撑。必须坚持科技是第一生产力、人才是第一资源、创新是第一动力，深入实施科教兴国战略、人才强国战略、创新驱动发展战略，开辟发展新领域新赛道，不断塑造发展新动能新优势。教育是国之大计、党之大计。培养什么人、怎样培养人、为谁培养人是教育的根本问题。育人的根本在于立德。

　　习近平：《高举中国特色社会主义伟大旗帜　为全面建设社会主义现代化国家而团结奋斗——在中国共产党第二十次全国代表大会上的报告》(中华人民共和国中央人民政府 https://www.gov.cn/xinwen/2022-10/25/content_5721685.htm)

第11課

金さんは料理の名前も日本語で説明することができました

場面

长假结束，参加日语角活动的同学们召开了一次交流会。王老师也应邀参加。大家一边做菜、包饺子，一边愉快地进行交谈。

I. 学習ポイント　文法機能・文型

1. 来週の「ふれあい会」は、何をすればいいですか。
2. 中国料理なら、みなさんが得意でしょう。
3. わたしはマーボー豆腐が作れます。（能力）
4. 図書館で中国料理の本が借りられます。（状況）
5. 金さんは中国料理を日本語で説明することができました。
6. 王先生は何時でも結構です。

II. 基本会話

1. A：来週の「ふれあい会」は、何をすればいいですか。
   B：一人一品ずつ、料理を作りましょう。
   A：いいですね。中国料理なら、みなさんが得意でしょう。
   B：わたしはマーボー豆腐が作れます。

2. A：劉さんは中国料理を日本語で紹介することができますか。
   B：できません。図書館で中国料理の本が借りられますけど。
   A：でも、あれは中国語の本でしょう？日本語で説明できませんよね。
   B：そうですね。王先生に聞くしかありませんね。

3. A：来週の土曜日に、「ふれあい会」があるんですが、王先生は来られますか。
   B：何時からですか。
   A：3時から集まりますが、パーティーは5時からです。王先生は何時でも結構ですよ。
   B：そうですか。3時には間に合いませんが、5時なら、着くことができると思います。

4. A：これはおいしいですね。金さん、これは何という料理ですか。
   B：これは「宮保鶏丁（ゴンバオジーデイン）」という四川料理です。鶏肉とピーナツの炒めです。
   A：なるほど。金さんは料理の名前も日本語で説明することができるんですね。

III. 応用会話

（在日语角）

渡辺先生：来週の「ふれあい会」は、何をすればいいですか。
金　さん：一人一品ずつ、料理を作りましょう。
渡辺先生：いいですね。中国料理なら、みなさん、得意でしょう。
劉　さん：わたしはマーボー豆腐が作れます。
黄　さん：わたしは水ギョーザが作れます。
金　さん：わたしは今すぐ決められませんが、母に相談して決めたいと思います。

（在办公室）

渡辺先生：来週の土曜日、「ふれあい会」があるんですが、王先生は来られますか。

王　先生：あいにく会議があるんですが、「ふれあい会」は何時からですか。

渡辺先生：3時から集まりますが、パーティーは5時からです。王先生は何時でも結構ですよ。

王　先生：そうですか。3時には間に合いませんが、5時ごろなら、着くことができると思います。

渡辺先生：ぜひ来てください。

（在学生宿舍）

金　さん：先輩、ふれあい会で「宮保鶏丁」が作りたいんですが、日本語でどう言えばいいですか。

黄　さん：さあ、わたしもできません。中国料理の本なら、図書館で借りられますけど。

金　さん：でも、あれは中国語の本でしょう？渡辺先生に日本語で説明したいんです。

黄　さん：それなら、王先生に聞くしかありませんね。

劉　さん：先生に聞く前に、先にネットで調べたほうがいいと思いますね。

金　さん：そうですね。（开始上网搜）ありました。鶏肉とピーナツの炒めですね。ぜんぜん違う言い方ですね。さすが先輩です。ありがとう。

劉　さん：いいえ。どういたしまして。私たちもいろいろ調べたりして勉強していたんです。

（在学生活动中心）

王　先生：（从外面走进来）遅くなりまして、すみません。

渡辺先生：いいえ。ちょうどいいタイミングです。王先生、こちらへどうぞ。

王　先生：わたしはどこでもいいですよ。あ、ここが空いていますから、ここに座ります。ありがとうございます。

渡辺先生：では、さっそくはじめましょう。

金　さん：（给渡辺先生斟啤酒）先生、どうぞ。

渡辺先生：劉さんと黄さんはアルコールが飲めるけど、金さんはまだ飲めないでしょう？

金　さん：はい。わたしもビールですが、ノンアルコールです。

渡辺先生：では、乾杯しましょう。乾杯！

みなさん：乾杯！

渡辺先生：(吃着鸡肉)これはうまいですね。金さん、これは何という料理ですか。

金　さん：これは「宮保鶏丁」という四川料理です。鶏肉とピーナツの炒めです。

渡辺先生：そうですか。ぴり辛でおいしいです。金さんは料理の名前も日本語で説明ができるほど、日本語が上手になりましたね。

金　さん：いいえ。まだまだです。

黄　さん：先生、わたしが作った水ギョーザの味はどうですか。おいしくないですか。

渡辺先生：いいえ、もちろんおいしいです。日本は焼きギョーザしか食べられないから、水ギョーザはきょう、はじめて食べましたよ。はい、お替り、お願いします。

IV. 新しい単語

表記/読み/アクセント	品詞/意味
名前(なまえ)⓪	[名]名字,姓名
ふれあい⓪	[名]接触,交流
得意(とくい)②⓪	[形動]得意,擅长,拿手
借りる(かりる)⓪	[他一]借,借用
一品(いっぴん)⓪	[名]一品,一种
集まる(あつまる)③	[自五]集合,汇集,聚集
パーティ①	[名]聚会,晚会
四川(しせん)①	[专]四川(地名)
鶏肉(とりにく)⓪	[名]鸡肉
ピーナツ①	[名]花生
炒める(いためる)③	[他一]炒
決める(きめる)⓪	[他一]决定,定,规定
あいにく⓪	[副]不凑巧
それなら③	[接]如果那样
ネット⓪	[名]网络,网

续表

表記/読み/アクセント	品詞/意味
言い方(いいかた)⓪	[名]说法
遅い(おそい)⓪	[形]晚,迟,慢
タイミング⓪	[名]时机
空く(あく)⓪	[自五]开,空,空闲
座る(すわる)⓪	[自五]坐
アルコール⓪	[名]酒精
ノンアルコール③	[名]无酒精
ぴり辛(ぴりから)⓪	[名・形动]微辣
焼き餃子(やきぎょうざ)③	[名]煎饺子,锅贴
お替り(おかわり)②	[名・自サ]添饭

V. 学習ポイント解釈

1. 動詞活用の「仮定形」

动词有多种形式可以表示假定条件,"假定形"也称为"条件形"。动词接续「ば」是最常见的"假定形",因此,"假定形"又被称为「バ形」。

动词"假定形"的变化规则如下:

五段动词将终止形的最后一个音节变成与其「え」段相应的音节后,加「ば」;

一段动词将终止形的最后一个音节「る」变成「れば」;

カ变动词「来る」和サ变动词「する」,分别变为「くれば」和「すれば」。

五段動詞		一段動詞		カ変/サ変動詞	
終止形	仮定形	終止形	仮定形	終止形	仮定形
帰る	帰れば	食べる	食べれば	来る	来れば
読む	読めば				
書く	書けば			する	すれば
話す	話せば			勉強する	勉強すれば

除了动词之外,形容词也有表示条件的假定形。形容词假定形是将词尾「い」去掉后加「けれ

ば」。如：

な～	なければ
おいしい	おいしければ

形容动词的假定形是词干后续「なら」或「ならば」。如：

元気だ	元気なら(ば)

部分名词的假定形也和形容动词一样，后续「なら」或「ならば」即可。如：

天気だ	天気なら(ば)

2. ［動・仮定形］／［形・仮定形］ば、～

「ば」是在条件没有确立的场合下的表达方式。作为「ば」之后小句结果的前提，「ば」之前的小句是「ば」之后小句结果成立的条件，是"如果……就……"的意思。

◆ 毎日練習すれば、日本語の会話が上手になります。（如果每天练习，日语会话就会越来越熟练。）

◆ 値段が安ければ、買います。（如果价格便宜我就买。）

3. ［動・終止形］／［形］／［形容・語幹］／［名］なら、～

「なら」是接续助词，表示将对方所说的事情作为话题，提出自己的意见或建议，是"……的话，……""提到……，……最……""要是……的话，就……"的意思。「なら」前面接续简体，动词用「終止形」或「ナイ形」，形容词、形容动词和名词可以直接接续。如：

◆ パソコンを買うなら、秋葉原が安いです。（要买电脑的话，秋叶原很便宜。）

◆ 熱が高いなら、一日休みましょう。（要是热度高的话，那就休息一天吧。）

◆ 今度の日曜日、暇なら、遊びに来てください。（下周日，要是有时间的话，就过来玩吧。）

◆ 紅葉なら、京都をお勧めします。（要看红叶的话，推荐你去京都。）

「なら」有时可以与「ば」连接使用，构成「ならば」的形式。如：

◆ あしたいい天気ならば、遊びに行きます。（明天如果天气好的话就去玩。）

4. 動詞の「可能形」动词的"可能形"

在日语中，因谓语的动词词尾发生变化，格助词随之而发生变化，这种语态的变化称为 Voice（ヴォイス・態）。日语的语态变化主要有可能、被动和使役等。

"可能形"表示某人具有进行某种动作的能力（能力可能），或者在一定的条件下某行为、状态可能发生（状況可能）。构成可能形式的动词，多为日常生活中使用的意志动词，如:「食べる、飲む、話す、買う」等。

动词可能形的变化规则如下：

五段动词将终止形的最后一个音节变成「え」段相应的音节后，加「る」；

一段动词将终止形的最后一个音节「る」变成「られる」；

カ变动词「来る」和サ变动词「する」分别变成「こられる」和「できる」。

五段動詞		一段動詞		カ変/サ変動詞	
辞书形	可能形式	辞书形	可能形式	辞书形	可能形式
帰る	帰れる	食べる	食べられる	来る	来られる
読む	読める				
書く	書ける			する	できる
話す	話せる			勉強する	勉強できる

可能形式要将表示动作对象的格助词「を」变成「が」。例：

ご飯を食べます。	ご飯が食べられます。
お酒を飲みます。	お酒が飲めます。
日本語を話します。	日本語が話せます。
車を買います。	車が買えます。

5. ［名1］は［名2］が ［動・可能形］（能力）

可能形是用来表达某人具有某种能力的形式，表示动作对象的格助词「を」要变成「が」。

◆ 金さんはマーボー豆腐が作れます。（小金会做麻婆豆腐。）

◆ 渡辺先生は微信が使えます。（渡边老师会使用微信。）

6. ［名1］は［名2］が　［動・可能形］（状況）

可能形还可以用来表达在一定的条件下某行为、状态可能发生。表示动作对象的格助词「を」要变成「が」。

- ◆ 図書館で本が借りられる。（图书馆可以借书。）
- ◆ 金さんはまだお酒が飲めません。（小金还不能喝酒〈未成年人〉。）

7. ［名］は［動・終止形］ことができます

「～ことができます」表示具有从事某种行为的能力或可能性的意思，多用于书面语。

- ◆ 劉さんは日本語で日本の歌を歌うことができます。（小刘会用日语唱日本歌。）
- ◆ この店では銀聯カードを使うことができます。（这家店可以刷银联卡。）

8. 「なん」/「いつ」/「どこ」でも

疑问词后续「でも」，表示"无论……都……"的意思。

- ◆ 何でもおいしいです。（什么都好吃。）
- ◆ いつでも遊びに来てください。（随时来玩。）
- ◆ 席はどこでも良いです。（哪个位子都可以。）
- ◆ ディズニーランドはだれでも入れます。（迪士尼乐园谁都能进去。）

VI. 読みましょう

豫園

わたしが一番好きな豫園を紹介します。

豫園は江南地域の古い庭のなかで一番素晴らしい庭です。庭までは地下鉄の駅を降りて、10分くらい歩きます。庭には入場券が必要です。

庭の建物は古くてほんとうに立派です。庭には果物の木や、中国各地のめずらしい岩がたくさんあります。庭が大変すばらしいので、一日中、見ていられます。建物にはとても細かい工夫があります。天井や壁に書いてある絵や、その形など、どこを見てもすばらしいで

す。忙しい毎日を忘れて、庭の散歩ができます。

　駅と庭の間に店がたくさんあります。中国デパートやみやげものショップや伝統料理のレストランなどがあります。そこの建物もとても古くて立派です。いつもにぎやかで、とても楽しいところです。

　お店では、お土産がたくさん買えます。最近は、パンダの携帯ストラップが人気です。屋台ではおいしいものが売られています。歩きながら食べるのがとても楽しいです。

　日本語や英語が話せる人もいるので、買い物にも便利です。ぜひ、豫園に遊びに行ってください。

注　めずらしい（珍しい）⓪：罕见的、稀少的　　　　こまかい（細かい）③：细小、细微的
　　いわ（岩）②：岩石　　　　　　　　　　　　　　でんとう（伝統）⓪：传统

練習 A　文法練習

一、[例]　結婚します/やさしくて料理が上手な人がいいです。

　　→　結婚するなら、やさしくて料理が上手な人がいいです。

1. 旅行します/秋がいいです
2. 京都へ行きます/清水寺がいいです
3. 電気製品/秋葉原が安いです
4. 金曜日/時間があります

二、[例]　説明します/分かります

　　→　説明すれば、分かります。

1. 道ができます/便利になります
2. 調子が悪いです/あしたも休みます
3. 眼鏡をかけません/新聞が読めません
4. 急ぎます/間に合います

三、[例] 週末、暇/山へ行く/行きたいところがある/どこ

→ A:①週末、暇なら ②山へ行きませんか。

B:いいですね。③どこか行きたいところがありますか。

A:いいえ。④どこでもいいです。

1. ① 仕事が終わる ② 食事する ③ 食べたい物がある ④ 何
2. ① あした晴れる ② テニスする ③ いっしょにテニスをしたい人がいる
 ④ だれ
3. ① 雨 ② 映画を見る ③ 見たい映画がある ④ 何

四、[例] カードで払います

→ カードで払うことができます。

1. 図書館で本を借ります 2. インターネットでホテルの予約をします
3. 地下鉄に乗ります 4. お酒を飲みます

五、[例] 田中さんは中国語を話すことができます。

→ 田中さんは中国語が話せます。

1. マイケルさんは漢字を読むことができます。
2. 100メートルぐらい泳ぐことができます。
3. てんぷらを作ることができます。
4. 新聞を読むことができます。

六、[例] 社員は社長と話すことができます。

→ 社員は社長と話せます。

1. この山のキノコは全部食べることができます。
2. このテレビで日本の番組を見ることができます。
3. 上海から北京まで高鉄で行くことができます。
4. 仕事が終わりましたから、もう帰ることができます。

七、[例]　みんな入れます。

　　　→　だれでも入れます。

1. 全部、食べられます。　　　　2. 全部、飲めます。
3. いつも時間があります。　　　4. 全部、自由席です。

練習B　会話練習

一、[例]　新幹線で食事（はい）

　　　→　新幹線で食事ができますか。…はい、できます。

1. 会社でパソコンの修理（はい）→
2. メールで飛行機の予約（いいえ）→
3. デパートで服のお直し（はい）→
4. 寮の部屋で料理（いいえ）→

二、[例]　カードで払います（いいえ）

　　　→　カードで払うことができますか。…いいえ、できません。

1. 図書館で辞書を借ります（いいえ）→
2. 今、携帯電話で話します（はい）→
3. もう一枚コピーします（はい）→
4. ここでお金を換えます（はい）→

三、[例]　劉さん、英語が話せますか。

　　　→　はい、話せます。
　　　　　いいえ、話せません。

1. 劉さん、刺身が食べられますか。（いいえ）
2. 李君、日本語の新聞が読めますか。（はい）
3. 先生、このパソコンが使えますか。（いいえ）
4. すみません、このカードで買えますか。（はい）

四、[例] ①日本料理　②さしみ/納豆　③食べます。

　　　　A:①日本料理はどうですか。

　　　　B:②さしみは③食べられますが、②納豆は③食べられません。

　　　　A:そうですか。

1. ① スポーツ　　　　② テニス/野球　　　　③ できます
2. ① お酒　　　　　　② ビール/日本酒　　　③ 飲みます
3. ① 外国語　　　　　② 日本語/英語　　　　③ 話します

五、[例]　A:王さん、①マーボー豆腐が作れますか。

　　　　B:ええ、①作れますよ。

　　　　A:わたしは①作れないので、今度　②教えてください。

　　　　B:いいですよ。

1. ① この本を読みます　　② 教えます
2. ① 日本酒を飲みます　　② 飲みます
3. ① これを食べます　　　② 食べます

六、日汉翻译

1. 毎日練習すれば、日本語が上手になります。
2. パソコンを買うなら、ネットで買ったほうが安いです。
3. 劉さんは料理が作れません。
4. 図書館は休みなので、きょう本は返せるが、借りられません。
5. 藤原君は中国語で説明することができません。
6. スマホなら、何でもいいです。

七、汉日翻译

1. 下周的"春烂漫"日语节，我们该做些什么？
2. 拉面的话，还是日本的好吃。

3. 我会做宫保鸡丁。你会做什么菜?

4. 图书馆每人可以借20本书。

5. 小金能用日语介绍菜单了。

6. 无论在哪里,中文都用得上。

  理解当代中国

　　江山就是人民,人民就是江山。中国共产党领导人民打江山、守江山,守的是人民的心。我们要实现好、维护好、发展好最广大人民根本利益,紧紧抓住人民最关心最直接最现实的利益问题,坚持尽力而为、量力而行,深入群众、深入基层,采取更多惠民生、暖民心举措,着力解决好人民群众急难愁盼问题,健全基本公共服务体系,提高公共服务水平,增强均衡性和可及性,扎实推进共同富裕。

　　习近平:《高举中国特色社会主义伟大旗帜　为全面建设社会主义现代化国家而团结奋斗——在中国共产党第二十次全国代表大会上的报告》(中华人民共和国中央人民政府 https://www.gov.cn/xinwen/2022-10/25/content_5721685.htm)

第12課

わたしは日本に留学しようと思います

一天，渡边老师和王老师就学生毕业后的发展方向交换了看法。

I. 学習ポイント　文法機能・文型

1. わたしは日本に留学しようと思います。
2. 就職より、留学したほうがいいだろうと思います。
3. 日本に行って、ファッションビジネスを勉強するつもりです。
   劉さんは就職しないつもりです。
4. 劉さんは日本へ留学に行きたがっています。
5. 劉さん大阪へ行くのが嫌がっているみたいです。

6. 最近、アニメ業界志望の学生さんが相談に来ることがあります。

7. わたしも分からないことがたくさんあります。

II. 基本会話

1. A：先生、日本に留学しようと思いますが、アドバイスをいただけますか。
   B：はい、もちろんです。就職しないつもりですか。
   A：就職より、わたしは留学したほうがいいと思っています。
2. A：日本に行って、何を勉強するつもりですか。
   B：ファッションデザインとか、ファッションビジネスを勉強するつもりです。
   A：ファッションビジネスは新しい分野なので、東京や大阪の大学がお勧めです。
   B：大阪は方言が難しいだろうから、行かないつもりです。
3. A：先日、劉さんが相談に来ましたが、日本へ留学に行きたがっていますね。
   B：そうですか。ご両親も日本に留学したことがあるので、劉さんも行きたくなるだろうね。
   A：でも、大阪へ行くのは嫌がっているみたいです。
   B：え？大阪は暮らしやすい町だと思いますが、どうしたんだろうね。
   A：やはり、東京はみなさんの憧れの町なんだろうね。
4. A：最近、アニメ業界志望の学生さんが相談に来ることがあります。
   B：そうですか。やはりアニメの影響が大きいから、人気だろうね。
   A：はい。日本のアニメはどんどん進んでいるので、わたしも分からないことがたくさんあります。
   B：いいえ。先生がいらっしゃるから、学生達が安心して勉強できるのだと思います。

III. 応用会話

（下课后，小刘向渡边老师咨询去日本留学的事情。）

劉　さん：先生、日本に留学しようと思いますが、アドバイスをいただけますか。

渡辺先生：はい、もちろんです。就職しないつもりですか。

劉　さん：就職より、わたしは留学したほうがいいと思っています。

渡辺先生：日本に行って、何を勉強しようと思っていますか。

劉　さん：ファッションデザインとか、ファッションビジネスを勉強するつもりです。

渡辺先生：ファッションビジネスは新しい分野なので、東京や大阪がお勧めです。

劉　さん：大阪は方言が難しいだろうと思いますので、行かないつもりです。

渡辺先生：それじゃ、東京の学校に絞って、調べるから、あさって、また来てください。

劉　さん：はい。分かりました。先生、ありがとうございます。

（渡边老师和王老师在教师办公室里交谈。）

渡辺先生：先日、劉さんが相談に来ましたが、日本へ留学に行きたがっていますね。

王　先生：そうですか。ご両親も日本に留学したことがあるので、劉さんも行きたくなるだろうね。

渡辺先生：でも、大阪へ行くのは嫌がっているみたいです。

王　先生：え？大阪は暮らしやすい町だと思いますが、どうしたんだろうね。

渡辺先生：やはり、東京はみなさんの憧れの町なんだろうね。

王　先生：わたしは、東京は生活のリズムが速いので、疲れると思いますが、大阪は住みやすいと思っています。夏休みに、家族連れで遊びに行こうと思っています。

渡辺先生：そうでしょう？わたしもそう思います。ところで、最近、アニメ業界志望の学生さんが相談に来ることがあります。

王　先生：そうですか。やはりアニメの影響で、日本語を勉強しようと思う学生が多いですからね。

渡辺先生：そうですね。日本のアニメはどんどん進んでいて、わたしもときどき、ついて行けなくて、分からないことがたくさんあります。

王　先生：いいえ。そんなことはありませんよ。先生がいらっしゃるから、学生達が安心して勉強できるのだと思います。

（咚咚咚咚，传来一阵敲门声。）

黄　さん：先生、来年、日本へ留学に行こうと思いますが、相談してもいいですか。

渡辺先生：はい。いいですよ。でも、その前に、ノックの仕方を勉強しようね。欧米や中国は違うかもしれませんが、日本では、ノックは2回が普通なので、2回しましょう。

黄　さん：はい。分かりました。(咚咚)こうですね。

渡辺先生：はい。そのほうが面接のときにも有利になると思いますよ。

黄　さん：はい。ありがとうございます。ところで、留学に行く場合、どうすればいいでしょうか。

王　先生：そうですね。最近、相談が多いから、近いうち、説明会を開こうと思っています。

黄　さん：はい。分かりました。では、失礼いたします。

IV. 新しい単語

表記/読み/アクセント	品詞/意味
嫌がる(いやがる)③	[他五]讨厌,嫌
～みたい①	[助动]好像,像似,如同
業界(ぎょうかい)⓪	[名]业界,行业
志望(しぼう)⓪	[名・他サ]志愿,志向
アドバイス③①	[名・他サ]忠告,劝告
分野(ぶんや)①	[名]领域
方言(ほうげん)③	[名]方言
暮らす(くらす)⓪	[自他五]生活
憧れ(あこがれ)⓪	[名]憧憬
影響(えいきょう)⓪	[名・自他サ]影响
進む(すすむ)⓪	[自五]前进,进步,上升
安心(あんしん)⓪	[名・形动・自サ]安心,放心
絞る(しぼる)②	[他五]拧,挤,绞;缩小
また⓪	[副]另外,有,再,还
リズム①	[名]节奏,拍子
疲れる(つかれる)③	[自一]累,疲劳
家族連れ(かぞくづれ)⓪	[名]携带家属

续表

表記/読み/アクセント	品詞/意味
来年(らいねん)⓪	[名]明年
ノック①	[名・他サ]敲门
欧米(おうべい)⓪	[专]欧美
有利(ゆうり)①	[名・形动]有利,有前途
ところで③	[接]另外
場合(ばあい)⓪	[名]场合,时候

V. 学習ポイント解釈

1. 動詞活用の「意志形」

有关动词的活用,我们已经学过「終止形」「テ形」「タ形」「ナイ形」等多种活用形式。本课学习表达说话人决心或意志的「意志形」。

动词「意志形」的变化规则如下:

五段活用动词将终止形的最后一个音节变成其「お」段相应的音节后,加「う」;

一段活用动词将终止形的最后一个音节「る」变成「よう」;

カ变动词的「来る」和サ变动词的「する」,分别变成「こよう」和「しよう」。

五段動詞		一段動詞		カ変動詞/サ変動詞	
終止形	意志形	終止形	意志形	終止形	意志形
帰る	帰ろう	食べる	食べよう	来る(くる)	来よう(こよう)
読む	読もう			する	しよう
書く	書こう			勉強する	勉強しよう
話す	話そう				

2. [動・意志形]う/ようと思います

(1) 动词的意志形表示说话人马上就要进行某动作,有时具有提议的含义。如:

◆ そろそろ寝よう。(准备睡觉吧。)

◆ ちょっと休もう。(稍微休息一会儿吧。)

（2）当说话人想要表达自己打算做某件事情时，动词的意志形后面要加「と思います」。如：

◆ 来年、日本へ留学に行こうと思います。（明年想去日本留学。）

◆ わたしは日本に留学しようと思います。（我想到日本去留学。）

（3）如果说话人的想法已经持续了一定的时间，但是还没有付诸行动时，动词的意志形后面要加「～と思っています」。如：

◆ 夏休み、上海に行こうと思っています。（暑假打算去上海玩。）

◆ 近いうち、説明会を開こうと思っています。（近日，想开一个说明会。）

3. ［動］/［形］/［形動］/［名詞］・（普通形）だろうと思います

当说话人要表示自己的推测时，可以用「だろうと思います」的形式表达。动词、形容词接续「だろうと思います」时要使用简体，形容动词词干和名词可直接连接。如：

◆ あしたは暑くなるだろうと思います。（我想明天天气可能会变热吧。）

◆ 大阪は方言が難しいだろうと思います。（我想大阪的方言大概会难懂吧。）

◆ この辺は車が少ないから、夜も静かだろうと思います。（这一带车辆很少，〈我想〉大概蛮安静的。）

◆ この花は「さくら」だろうと思います。（〈我想〉这个花大概是"樱花"吧。）

4. ［動・終止形］つもりです　　［動・ナイ形］ないつもりです

动词的「終止形」或「ナイ形」加上「ない」后续「つもりです」，表示某人打算做（或不做）某事的意图或意志。既可以用来表明说话人自己的意志，也可以用来表明他人的意志。

◆ あしたは早く会社へ行くつもりです。（明天打算早点去公司。）

◆ 渡辺先生は連休の間、日本に帰らないつもりです。（渡边老师连休期间打算不回日本。）

「～ないつもりです」和「～つもりはないです」的意思比较接近，前者是对动作的否定，"打算不……"的意思，后者是对动作计划的否定，"没有……的打算"的意思。试比较以下两个句子的区别。

◆ 渡辺先生は連休の間、日本に帰らないつもりです。（渡边老师长假期间打算不回日本。）

◆ 渡辺先生は連休の間、日本に帰るつもりはないです。（渡边老师长假期间，没有回日本的打算。）

5. ［動・連用形］たがる

动词的「連用形」后续「たがる」，表示难以克制想做某事的欲望。这种形式多用于第三人称。动作的对象一般用格助词「を」表示。

◆ 劉さんは日本へ留学に行きたがっています。（小刘很想去日本留学。）

◆ 渡辺先生はおそばを食べたがっています。（渡边老师想吃荞麦面。）

6. ［形語幹/形動語幹］がる

形容词词干或形容动词词干后续「がる」变成动词，表示有这种想法、感觉和欲望。如：「寂しがる、懐かしがる、強がる、恥ずかしがる」等等。

◆ あの子は3DSを欲しがっています。（那个小孩想要3DS游戏机。）

◆ 子供はみんな薬を嫌がります。（小孩子都讨厌吃药。）

7. ［動・終止形］ことがあります　　［動・ナイ形］ないことがあります

动词的「終止形」或「ナイ形＋ない」后续「ことがあります」，表示动作或行为时有发生，是"有时""偶尔"的意思。「ことがあります」经常与表示频率的副词「ときどき」「たまに」等一起使用。如：

◆ 劉さんはときどき宿題を忘れることがあります。（小刘有时会忘记做回家作业。）

◆ わたしはたまに、朝ご飯を食べないことがあります。（我偶尔不吃早饭。）

VI. 読みましょう

■ 文化祭 ■

私はデザインを学んでいます。10月に文化祭があります。文化祭はみなさんが交流するいい機会です。おもしろくて盛り上がる出し物をして、成功させたいです。しかし、何をするか悩みました。みなさんと相談したあと、食べ物や飲み物の販売が文化祭のシンボルなので、焼きそばとタピオカを販売しようと考えました。

文化祭といえば焼きそばです。焼きそばを作るのは簡単ですが、タピオカはあまり簡単ではありません。しかし、タピオカはとても人気があります。人気の理由は、何と言っても「インスタ映え」するドリンクだからです。特に黒いプリプリの丸いタピオカを入れたミルクティーや抹茶ラテは、人気があります。

　しかし、どうすればおいしいタピオカができるのかは、私もわからないことがたくさんあります。そして、何種類のタピオカを出したほうがいいだろうとも思います。

　そのなかで、人気のタピオカを出すことができれば、たくさんの人が買いに来るだろうと思います。

注　販売(はんばい):销售,出售　　焼き(やき)そば:日式炒面
　　タピオカ:珍珠奶茶　　　　　　インスタ映え(ばえ):在社交应用(Instagram)上分享镜头感十足的照片
　　ドリンク:饮料　　　　　　　　プリプリ:富有弹性质感的
　　ミルクティー:奶茶　　　　　　抹茶(まっちゃ)ラテ:抹茶拿铁

|練習 A　文法練習

一、[例]　わたしは、あした映画を見に行きます。

　　→　わたしは、あした映画を見に行こうと思います。

1. あしたは、早く起きます。　　　　2. 今晩、カレーを食べます。

3. お正月には日本へ帰ります。　　　4. きょうは熱があるので、休みます。

二、[例]　あしたは、たぶん雪が降ります。

　　→　あしたは、たぶん雪が降るだろうと思います。

1. 来年は、たぶん景気がよくなります。

2. 中村主任は、たぶん来年係長になります。

3. 彼は、たぶん今晩残業します。

4. 彼女は、たぶん今年結婚します。

三、[例] わたしは来年ヨーロッパへ行きます。

→ わたしは来年ヨーロッパへ行くつもりだ。

1. 彼も来年ヨーロッパへ行きます。
2. たばこはもう吸いません。
3. 彼女は今晩カレーを作ります。
4. 上海を案内します。

四、[例] 子どもは何でも知りたいと思っています。

→ 子どもは何でも知りたがります。

1. 父は海外旅行をしたいと思っています。
2. 劉さんは日本の友達に会いたいと思っています。
3. 金さんはアニメを見たいと思っています。
4. 上原さんは中国語の勉強をしたいと思っています。

五、[例] 子ども/おもちゃ/欲しい

→ 子どもがおもちゃを欲しがっています。

1. 鈴木さん/寂しい
2. 金さん/痛い
3. 張さん/勉強/嫌
4. 子ども/不思議

六、[例] ときどき、家族でカラオケをします。

→ 家族でカラオケすることがあります。

1. 鈴木さんは、ときどき、宿題を忘れます。
2. 毎日練習していますが、ときどき、失敗します。
3. 忙しいので、ときどき、昼ごはんを食べません。
4. ときどき薬を飲みません。

練習B 会話練習

一、[例] する/ゲーム

A: これから何をしますか。

B：ゲームをしようと思います。

　　A：じゃ、いっしょにしよう。

1. 食べる/ラーメン

2. 見る/アニメ

3. 歌う/「歩こう」

4. 作る/豚カツ

二、[例]　あしたは何をしますか。(映画)

　　→　映画を見よう思います。

1. 日曜日はどこへ行きますか。(新宿)

2. 晩ご飯は何を作りますか。(ラーメン)

3. 今晩、何をしますか。(友達とカラオケ)

4. レポートはもう出しましたか。(これから)

三、[例]　いつ結婚しますか。(来年)

　　→　来年、結婚するつもりです。

1. だれと旅行しますか。(娘)

2. どんな部屋を借りますか。(小さいアパート)

3. どこでパーティーをしますか。(わたしのうち)

4. 夏休み、どこへ行きますか。(沖縄)

四、[例]　クリスマス/ゲームが欲しいです

　　→　A：もうすぐ①クリスマスですね。お子さんに何かあげますか。

　　　　B：ええ。子どもは②ゲームを欲しがっています。

　　　　A：そうですか。

1. ①　お正月　　　　　②　お年玉が欲しいです

2. ①　お子さんの誕生日　②　いちごがのったケーキを食べます

3. ① １年生　　　　　　　② 自転車が欲しいです

五、［例］ サッカーの試合/出ます/けがをして痛いです

→ A:鈴木さんはサッカーの試合に出ますか。

B:いいえ、出ないだろうと思います。

けがをして痛がっていましたから。

A:そうですか。

1. あしたのパーティー/行きます/けがをして痛いです

2. 日本/帰ります/北京に行きたいです

3. 企画書/出します/終わらなくて残念です

六、［例］ 気候が違います/風邪を引きます/気をつけます

→ A:日本の生活に慣れましたか。

B:ええ。でも、①気候が違うから、②風邪をひくこともあります。

A:そうですか。じゃ、③気をつけてください。

1. ① 忙しいです　　　② ご飯を食べません　　③ お大事にする

2. ① 文化が違います　② まだ、わかりません　③ いつでも聞きます

3. ① 疲れます　　　　② 昼まで寝ます　　　　③ ゆっくり休みます

七、日汉翻译

1. 夏休み、フランスに行こうと思っています。

2. 来年、物価が上がると思います。

3. 渡辺先生はお正月の休みの間、日本に帰らないつもりです。

4. 渡辺先生は日本の納豆を食べたがっています。

5. 金さんはアイフォンをほしがっています。

6. 金さんはときどき、宿題を忘れることがあります。

八、汉日翻译

1. 明年冬天,我想去北海道滑雪。

2. 樱花开了,应该逐渐暖和起来了。

3. 明天打算不去上课了。

4. 小孩子总想模仿大人的样子。

5. 一听要打针就害怕。 ＊打针:注射(ちゅうしゃ)

6. 我早上有时会忘了刷牙。

理解当代中国

　　大自然是人类赖以生存发展的基本条件。尊重自然、顺应自然、保护自然,是全面建设社会主义现代化国家的内在要求。必须牢固树立和践行绿水青山就是金山银山的理念,站在人与自然和谐共生的高度谋划发展。我们要推进美丽中国建设,坚持山水林田湖草沙一体化保护和系统治理,统筹产业结构调整、污染治理、生态保护、应对气候变化,协同推进降碳、减污、扩绿、增长,推进生态优先、节约集约、绿色低碳发展。

　　习近平:《高举中国特色社会主义伟大旗帜　为全面建设社会主义现代化国家而团结奋斗——在中国共产党第二十次全国代表大会上的报告》(中华人民共和国中央人民政府 https://www.gov.cn/xinwen/2022-10/25/content_5721685.htm)

第13課
留学か就職か迷っていますが、どうしたらいいですか

场景

经过两年的日语学习,大家开始面临越来越多的问题,包括该如何准备日语能力考试以及该选择就业还是去留学等等。这天,日语系召开了一次留学说明会。

I. 学習ポイント　文法機能・文型

1. 留学か就職か、迷っています。
2. もし日本に留学を決めたら、どうすればいいですか。
3. 連休が明けると、卒業も間近になります。
4. 水ギョーザを食べ過ぎて、夜はなかなか眠れませんでした。
5. まず、学校の情報を集めなければならないと思います。

II. 基本会話

1. A：先生、留学か就職か、まだ迷っています。どう**したら**いいですか。

   B：そうですか。すぐ卒業ですね。早く**決めなければなりません**。

   A：もし日本に留学を**決めたら**、どうすればいいですか。

   B：それなら、いろいろな留学説明会に参加すれば、情報が手に入るから、いいですよ。

2. A：連休が**明けると**、卒業も間近になりますね。内定をもらいましたか。

   B：はい。もらいました。でも、奨学金が**もらえたら**、イギリスへ留学に行きます。

   A：そうですか。それもいい考えですね。

3. A：日本に留学をしたいのですが、何から始めればいいですか。

   B：まず、学校の情報を集め**なければならない**と思います。中国でもインターネットなどで、簡単に入手することができますので、調べてください。

   A：はい。日本に行くなら、日本語能力の証明が必要ですか。

   B：そうですね。留学しなくても、受けたほうがいいと思います。

4. A：王先生、どうかしましたか。顔色がちょっと悪いですね。

   B：あ、ゆうべ、子どもが**元気すぎて**騒いだから、寝るのが遅かったんです。

   A：そう言えば、わたしも先日、水ギョーザを**食べ過ぎて**、夜はなかなか眠れませんでした。

   B：あらまあ。あ、そろそろ、説明会に**行かなければならない**時間です。

III. 応用会話

（留学说明会开始之前，王老师和渡边老师在说话。）

渡辺先生：王先生、どうかしましたか。顔色がちょっと悪いですね。

王　先生：ああ、ゆうべ、子どもが元気すぎて騒いだから、寝るのが遅かったんです。

渡辺先生：そう言えば、わたしも先日、水ギョーザを食べ過ぎて、夜はなかなか眠れませんでした。

王　先生：あらまあ。あ、そろそろ、説明会に行かなければならない時間です。

（教室里。）

王　先生：連休が明けると、卒業も間近になります。そろそろ進路を決めなければならないと思います。質問があったら、渡辺先生か、わたしに聞いてください。

黄　さん：留学か就職か、迷っていましたが、日本留学に決めました。これからどうしたらいいですか。

渡辺先生：それなら、いろいろな留学説明会に参加すれば、情報が手に入るから、いいですよ。

学生　A：そうですか。

渡辺先生：まず、学校の情報を集めなければならないと思います。中国でもインターネットなどで、簡単に入手することができるので、調べてください。

学生　A：はい。日本に行くなら、日本語能力の証明が必要ですか。

渡辺先生：そうですね。留学しなくても、一度、受けたほうがいいと思います。

学生　B：日本語の試験はいろいろあるんですが、どの試験を受ければいいのですか。

渡辺先生：JLPT（日本語能力試験）を受けたほうがいいかと思います。

王　先生：JLPTは年に2回しかないが、J.TEST（実用日本語検定試験）は年に6回があって便利でしょう。

学生　B：つまり、JLPTか、J.TESTのどちらかを受けたほうがいいんですね。

王　先生：そうです。

学生　B：二つの試験はどう違うんですか。

王　先生：日本留学なら同じです。JLPTはN5があればよくて、J.TESTはEFレベル試験（学習時間150時間以上）が必要です。しかし、国内就職なら、J.TESTのほうが中国政府から認定を受けているので、就職に有利でしょう。

学生　B：分かりました。

学生　C：学校の資料はどうしたらもらえますか。

渡辺先生：ほとんどの学校は今、ウェブサイトからダウンロードか、Eメールかで請求できますよ。

学生　C：そうですか。よく分かりました。

王　先生：時間ですので、最後に一つ何か質問はありますか。

黄　さん：先生、留学の準備はいつからすればいいですか。

渡辺先生：それは今でしょう。来年の4月の入学を目指すなら、今準備しないと間に合いません。

IV. 新しい単語

表記/読み/アクセント	品詞/意味
間近（まぢか）⓪	[名・形动]跟前,临近,迫近
過ぎる（～すぎる）	[自一]过于～
眠れる（ねむれる）⓪	[自五]能睡
情報（じょうほう）⓪	[名]情报,信息
もし①	[副]如果
手に入る（てにはいる）	[组]收,到手
奨学金（しょうがくきん）④	[名]奖学金
イギリス⓪	[名]英国
考え（かんがえ）③	[名]想法
インターネット⑤	[名]互联网
入手（にゅうしゅ）⓪	[名]得到,到手
能力（のうりょく）①	[名]能力
証明（しょうめい）⓪	[名・他サ]证明
顔色（かおいろ）⓪	[名]脸色
夕べ（ゆうべ）⓪	[名]昨天晚上
騒ぐ（さわぐ）②	[自五]吵闹,玩闹,骚乱
先日（せんじつ）⓪	[名]前几天
進路（しんろ）①	[名]前程,去路
JLPT	[专]日本语能力考试
J.TEST	[专]实用日本语鉴定考试
実用（じつよう）⓪	[名]实用
国内（こくない）②	[名]国内
政府（せいふ）①	[名]政府

续表

表記/読み/アクセント	品詞/意味
認定(にんてい)⓪	[名・他サ]认定
資料(しりょう)①	[名]资料
ウェブサイト③	[名]网站
請求(せいきゅう)⓪	[名・他サ]索要，要求
入学(にゅうがく)⓪	[名・自サ]入学
目指す(めざす)②	[他五]以～为目标

V. 学習ポイント解釈

1. ［動］/［形］/［形動］/［名］/か、～か

「～か、～か」表示在两个选项中任选一项，是"是……还是……""……或者……"的意思。动词以［終止形］［ナイ形］［タ形］等形式出现，形容词和名词可直接后续「か」，形容动词词干后续「か」。

◆ お正月、渡辺先生は日本に帰るか、中国国内を旅行するか、悩んでいます。（过年回日本还是在中国国内旅游，渡边老师还没有拿定主意。）

◆ この料理は辛いか甘いか、食べないと分かりません。（这个菜到底是辣是甜，不吃是不知道的。）

◆ 今度行く海の波は荒いか静かか、調べましょう。（这次要去的海域，海浪是大是小，还是查查吧。）

◆ きょうの昼ご飯は、ラーメンかお寿司か、迷っています。（今天的午饭不知道吃拉面好还是吃寿司好。）

2. ［動・タ形］たら［形・かったら］/［形動・だったら］［名だったら］

「たら」是在未来完了的前提下，表示假定条件的表达方式。接续方式是动词使用「タ形」，形容词、形容动词和名词将简体的过去形式「た」变成「たら」。形容动词和名词的过去否定形式「～ではなかった」后续「たら」时要去掉其中的「は」变成「でなかったら」。

◆ あした雨が**降ったら**、お花見は中止です。（明天如果下雨就不去赏花。）

- もし100万円をもらったら、どうしますか。（要是获得100万日元，〈你〉打算怎样花？）
- 暇だったら、手伝ってください。（如果有空的话，请帮我一下。）
- 暗かったら、電気をつけてください。（要是光线暗的话，就开灯。）
- あした、晴れでなかったら、洗濯しません。（明天天气不好的话，就不洗衣服。）

3. ～[動]と、～　[条件]（発見）

「と」表示顺接条件，表示按照顺序必然会产生该结果。「と」前面的动词往往是「終止形」或「ナイ形」后续「ナイ」。

- このボタンを押すと、水が出ます。（按这个键，水就出来了。）
- この道をまっすぐ行くと、右に郵便局があります。（沿着这条路笔直走，右边有家邮局。）

「と」还可以表示新的发现。此时「と」前面的动词多为「終止形」，后面的句子多为过去式。

- 道を歩いていると、大きな水車がありました。（沿着路一直走，看到一台大水车。）
- うちへ帰ると、母の手紙が届いていました。（回到家，看到妈妈的来信。）

另外，形容词可以直接接续，形容动词和名词则以「だと」的形式接续。如：

- 高いと、買う人が少ない。（贵的话买的人就少。）
- 便利だと、行きたくなります。（方便的话就想去。）
- 新幹線だと、高いです。（新干线的话就贵。）

4. [動・マス形]/[形・語幹][形動・語幹]すぎます

动词的「マス形」、形容词和形容动词的词干后续「すぎます」，表示某种过度的动作行为或性质状态，是"太……""过于……"的意思。

- 昨夜食べすぎて、お腹が痛くなりました。（昨天晚上吃得太多，肚子疼。）
- この辞書は字が小さすぎて、よく読めません。（这本字典字太小，看不清楚。）
- この村は静かすぎて、寂しいです。（这个村子太安静，很荒凉。）

5. [動・ナイ形]なければなりません

动词「ナイ形」后接「なければなりません」表示该动作或行为是理所当然应尽的义务。

◆ これから会議の資料を準備しなければなりません。(马上要准备会议资料。)

◆ 日本で買い物するとき、消費税を払わなければなりません。(在日本购物时、必须要付消费税。)

与第8课的「なくてはいけません」相比,「なければなりません」含有"非……不可"的意思,而「なくてはいけない」则含有"不……不行"等,带有强制性的、不得已的结果的意思。

◆ あの人は家までも売らなくてはいけなくなった。(那人不得已连自己的房产都卖掉了。)

VI. 読みましょう

万里の長城

北京へ行ったら、万里の長城へ行かなければなりません。北京の観光で一番有名な場所だからです。万里の長城は中国人にも有名な観光地ですが、世界遺産になりましたから外国人の観光客も多いです。

万里の長城は秦の始皇帝が始めに作りました。北京から行けるのは「八達嶺」という場所です。八達嶺は明の時に直して、今もきれいな形が残っています。万里の長城は約6000キロメートルです。ずっと遠くまで続いています。

休日は人が多くて、歩けないほどです。万里の長城の幅は人が7、8人並んで歩けるくらいです。ときどき急な坂がありますから、とても疲れます。レストランや喫茶店はありませんから、疲れても休む店はありません。「のろし台」というところがありますから、疲れたら、そこで休んでください。

万里の長城に登るのは本当に疲れますが、万里の長城から見る景色はとてもすばらしいです。きっと忘れられない景色になるでしょう。

注 ばんりのちょうじょう(万里の長城)①⓪:万里长城
さか(坂)②①:坡,坡道
はば(幅)⓪:宽,幅度

のろし台③:烽火台
せかいいさん(世界遺産)④:世界遗产

練習A 文法練習

一、[例] どれにしますか。（白/黒/迷います）

→ 白か黒か、迷っています。

1. 冬休みはどこへ行きますか。（万里の長城/兵馬俑/迷います）

2. 卒業したら、何をしますか。（就職/進学/悩みます）

3. 何で広島へ行きますか。（電車/飛行機/まだ、決めていません）

4. 子どもに何をプレゼントしますか。（絵本/おもちゃ/迷います）

二、[例] 100万円があります/海外旅行します

→ もし、お金があったら、海外旅行します。

1. 雨が降ります/行きません
2. 暇です/遊びに行きます
3. 分かりません/聞いてください
4. あります/買ってください

三、[例] このボタンを押します/電気がつきます

→ このボタンを押すと、電気がつきます。

1. このボタンを右へまわします/音が大きくなります

2. このスイッチを入れます/暖かくなります

3. まっすぐ行きます/左に銀行があります

4. 手を離す/鳥が飛ぶ

四、[例] ここはとても静かです/寂しいです

→ ここは静かすぎて、寂しいです。

1. このシャツは小さいです/着られません

2. たくさん食べました/お腹が痛いです

3. これはとても大きいです/入りません

4. この荷物はとても重いです/持てません

練習B 会話練習

一、[例] パソコンが壊れる/修理する/直せる/新しいのを買う

→ A:パソコンが壊れたら、どうしますか。

B:修理します。

A:直せなかったら？

B:新しいのを買います。

1. 寒い/エアコンをつける/それでも寒い/服を着る
2. パスポートをなくした/交番に行く/見つかる/大使館へ行く
3. 日曜日、天気がよい/ディズニーランド/天気が良い/家で寝る
4. 読み方が分からない/辞書で調べる/それでも分からない/先生に聞く

二、[例] 銀行/右へ曲がります/左

→ A:すみません。

B:何でしょう？

A:銀行はどこですか。

B:銀行ですか。あの交差点を右に曲がると、左にあります。

A:ありがとうございました。

1. スーパー/まっすぐ行きます/右
2. 本屋/左に曲がります/2つ目の角を右に曲がります/右
3. 郵便局/まっすぐ行きます/3つ目の角を左に曲がります/左
4. 新宿駅/まっすぐ行きます/陸橋を渡ります/左

三、[例] カラオケに行きます/コンテストがあります/練習します

→ A:今晩、いっしょにカラオケに行きませんか。

B:すみません。あした、コンテストがあるので、練習しなければなりません。

A:そうですか。残念ですね。

1. 食事をします/試験があります/勉強します

2. 映画を見ます/用事があります/帰ります

3. 遊びに行きます/宿題があります/勉強します

四、日汉翻译

1. 劉さんはMacかWindowsか迷っています。

2. 渡辺先生はお酒を飲んだら、いつも歌を歌います。

3. 春になると、花が咲きます。

4. コーヒーを飲みすぎると、眠れなくなります。

5. 日本ではゴミを捨てるとき、分けなければなりません。

五、汉日翻译

1. 小黄还没有决定去日本还是英国留学。

2. 等我赶到车站，末班车已经开走了。

3. 这个房间不用开空调。只要按这个开关，地板就会热。

4. 昨天在卡拉OK唱歌唱得太多了，喉咙疼了。

5. 日本扔垃圾时，必须将垃圾区分为可燃烧垃圾和不可燃烧垃圾。

理解当代中国

当前，世界之变、时代之变、历史之变正以前所未有的方式展开。一方面，和平、发展、合作、共赢的历史潮流不可阻挡，人心所向、大势所趋决定了人类前途终归光明。另一方面，恃强凌弱、巧取豪夺、零和博弈等霸权霸道霸凌行径危害深重，和平赤字、发展赤字、安全赤字、治理赤字加重，人类社会面临前所未有的挑战。世界又一次站在历史的十字路口，何去何从取决于各国人民的抉择。

习近平：《高举中国特色社会主义伟大旗帜 为全面建设社会主义现代化国家而团结奋斗——在中国共产党第二十次全国代表大会上的报告》(中华人民共和国中央人民政府 https://www.gov.cn/xinwen/2022-10/25/content_5721685.htm)

第14課
劉さんたちは演劇の台本を書いてみました

場景

川南市日语话剧大赛下下周即将开赛。小刘、小黄、小金三人组顺利通过选拔，将正式参赛。

I. 学習ポイント　文法機能・文型

1. 劉さんたちは演劇の台本を書いてみました。
2. 「春爛漫」祭りのとき、みなさんは楽しそうに演じていました。（様態）
3. 今年も優勝が期待できそうです。（推測）
4. あら、ケータイの電池が切れそうです。（瞬間）
5. 大丈夫。わたしは充電しておきましたので。

II. 基本会話

1. A: あと2週間で、「川南市日本語演劇コンテスト」ですね。

   B: はい。演劇は人気がありますね。日本語祭りのときも、みなさん楽しそうに演じていました。

   A: そうですね。先生のご指導のおかげです。

   B: いいえ。みなさん一生懸命、勉強していますからね。今年も優勝が期待できそうです。

2. A: 「日本語演劇コンテスト」があるんですが、みなさん、チャレンジしてみませんか。

   B: ぜひ参加したいと思います。

   A: じゃ、まず、チームを組んで、台本を書いてみてください。来週、出場チームを選考します。

   B: はい。分かりました。

3. A: それでは、代表チームの選考を始めましょうか。持ち時間は5分間です。4分になるとサイン音が出ますので、注意してください。分かりましたか。

   B: はい、分かりました。

   A: あら、ケータイの電池が切れそうです。

   B: 大丈夫。わたしは充電しておいたので、わたしのを使ってください。

III. 応用会話

（渡辺老师正在动员大家积极参加"川南市日语话剧比赛"。）

渡辺先生：日本語演劇コンテストがあるんですが、みなさん、チャレンジしてみませんか。

劉　さん：ぜひ参加したいと思います。

渡辺先生：じゃ、まず、チームを組んで、台本を書いてみてください。来週、出場チームを選考します。

劉　さん：はい。分かりました。

（选拔赛前，王老师和渡边老师在说话。）

王　先生：いよいよ「川南市日本語演劇コンテスト」ですね。

渡辺先生：はい。演劇は結構人気がありますね。「春爛漫」日本語祭りのときも、みなさん楽しそうに演じていました。

王　先生：そうですね。本当に先生のご指導のおかげです。

渡辺先生：いいえ。みなさん一生懸命、勉強していますからね。今年も優勝が期待できそうです。

王　先生：時間の目安は1チームに5分ですね。わたしがケータイで計りましょうか。

渡辺先生：よろしいですか。じゃ、すみませんが、お願いいたします。

王　先生：あれ、ケータイの電池が切れそうです。ゆうべ、充電するのを忘れました。

渡辺先生：大丈夫。わたしは充電しておいたので、わたしのを使ってください。

王　先生：それは助かりました。じゃ、砂時計も用意しておきます。

（选拔面试）

渡辺先生：それでは、チーム選考を始めたいと思います。各チームは持ち時間5分間です。4分のとき、サイン音を出しますので、注意してください。結果は、あしたの朝、掲示板で公開します。

学生達：はい。分かりました。

渡辺先生：それでは、まず、劇のタイトルを各チームに発表してもらいましょう。

チームA：A組は、「偉そうに見えるガキ大将」です。

チームB：B組は、「爽やかそうなクラスのイケメン」です。

チームC：C組は、「最後まで言えそうもない生麦生米生卵」です。

チームD：D組は、「伝えられそうで伝えられないわたしの夢とドリーム」です。

渡辺先生：それでは、各チームの発表です。

（各小组表演结束。）

渡辺先生：ありがとうございました。今まで学んだ単語や表現と、実際の学園生活を活かすことができましたね。とてもよかったと思います。でも、息が合いそうもないところもありました。セリフの量が多かったり、少なかったりしているので、

　　　　　台本を修正してください。さらに、体の動きもなさそうに見えますので、特に手の動きの練習が必要です。以上、お疲れ様でした。

みなさん：ありがとうございました。

（第二天早晨，王老师在走廊里遇到2年级学生小金。）

金　さん：先生、おはようございます。

王　先生：おはようございます。元気そうですね。

金　さん：はい。今度の「日本語演劇コンテスト」に出場することになりました。

王　先生：お、おめでとう。頑張ってね。

Ⅳ. 新しい単語

表記/読み/アクセント	品詞/意味
台本（だいほん）③	[名]剧本，脚本
演じる（えんじる）③⓪	[他一]演出，扮演
期待（きたい）⓪	[名・他サ]期待，期望
電池（でんち）①	[名]电池
切れる（きれる）②	[自一]切断，用尽；断绝关系
充電（じゅうでん）⓪	[名・自他サ]充电
川南（せんなん）③	[专]川南（地名）
チャレンジ②①	[名]挑战，参赛
チーム①	[名]团队，队伍
組む（くむ）①	[他五]编，组成
出場（しゅつじょう）⓪	[名・自サ]出场
選考（せんこう）⓪	[名]选拔，遴选
持ち時間（もちじかん）③	[名]规定时间
サイン音（サインおん）③	[名]提示音
目安（めやす）⓪①	[名]大致目标，基准
計る（はかる）②	[他五]测量，推测
忘れる（わすれる）⓪	[他一]忘记，遗忘
置く（おく）⓪	[自他五]放，置，间隔

续表

表記/読み/アクセント	品詞/意味
砂(すな)⓪	[名]砂子
用意(ようい)①	[名・自他サ]置备,准备,配备
結果(けっか)⓪	[名]结果
掲示板(けいじばん)⓪	[名]告示牌
公開(こうかい)⓪	[名・他サ]公开
タイトル①	[名]标题,头衔,字幕
各(かく)①	[名]各
見える(みえる)②	[自一]看得见,能看见
ガキ⓪	[名]恶鬼,饿鬼
大将(たいしょう)①	[名]首领,头儿
ガキ大将(ガキたいしょう)③	[名]小孩王
爽やか(さわやか)②	[形动]爽快,爽朗,清爽
クラス①	[名]班级
イケメン⓪	[名]俊男,俊小伙子
麦(むぎ)①	[名]麦子
米(こめ)②	[名]米
卵(たまご)②	[名]鸡蛋
伝える(つたえる)⓪	[他一]告诉,告知,转告
ドリーム②	[名]梦想
学ぶ(まなぶ)⓪	[他五]学,学习
単語(たんご)⓪	[名]单词
表現(ひょうげん)③	[名・他サ]表现
実際(じっさい)⓪	[名]实际
学園(がくえん)⓪	[名]学园
活かす(いかす)②	[他五]使活下去,弄活
息(いき)①	[名]呼吸
セリフ⓪	[名]台词,道白
量(りょう)①	[名]量
修正(しゅうせい)⓪	[名・他サ]修正
動き(うごき)③	[名]活动;动向,动态

V. 学習ポイント解釈

1. ［動・テ形］+てみます

动词「テ形」后续「てみます」，表示准备尝试做某件事情，是"尝试……""试着……"的意思。

- ◆ 劉さんたちは演劇の台本を書いてみました。（小刘他们尝试着写了话剧的剧本。）
- ◆ 上海に来たので、豫園へ行ってみたいです。（到了上海，想去豫园看看。）

2. ［形語幹］［形動語幹］そうです（様態）

形容词和形容动词的词干后续「そうです」，表示说话人根据自己的见闻对事物所处状态作出的判断。

- ◆ このケーキはとてもおいしそうです。（这个蛋糕看上去很好吃。）
- ◆ あの方は80歳ですが、元気そうです。（那个人80岁了，看上去很精神。）

注意：「よい」要变成「よさ」后续「そうです」，构成「よさそうです」。「ない」要变成「なさ」后续「そうです」，构成「なさそうです」。

- ◆ 牛乳は体によさそうです。（牛奶似乎对身体好。）
- ◆ 今回は蘇州へ行く時間がなさそうです。（这次似乎没有时间去苏州了。）

3. ［動・マス形］そうです（瞬間）

无意志瞬间动词的「マス形」后续「そうです」，表示眼看就要发生某事，是"快要……""眼看就要……"的意思。

- ◆ ケータイの電池が切れそうです。（手机眼看就要没电了。）〈会话随时可能中断〉
- ◆ バッグが棚から落ちそうです。（包快要从架子上掉下来了。）
- ◆ スニーカーのひもが切れそうです。（运动鞋的鞋带快要断了。）

4. ［動・マス形］そうです（推測）

动词「マス形」后续「そうです」，还可以表示对有可能发生的事态的推测。类似「電池がきれそう」在能够预测还可以使用一段时间的情况下，也可以作为推测。

- ◆ 西の空が赤いですから、あしたも晴れそうです。（西边的天空红红的，看来明天是好

天气。)

- ◆ 今年も優勝が期待できそうです。(今年也有获胜的希望。)
- ◆ ケータイの電池が切れそうです。(手机快要没电了。)〈还可以打一会儿〉

5. ［動・テ形］ておきます

动词「テ形」后续「ておきます」，表示为了某种目的而事先做好某种准备的意思。

- ◆ 友達が来るので、部屋を掃除しておきます。(有朋友要来，所以事先打扫房间。)
- ◆ わたしは充電しておきました。(我〈事先〉充好电了。)

VI. 読みましょう

大雪

東京にはあまり雪は降りません。1年に2、3度降るくらいです。雪が積もることはほとんどありません。しかし、10年に1度くらい大雪が降ることがあります。

日本は南北に細くて長い形をしているので、北の人は雪に慣れています。しかし、東京の人は雪に慣れていませんから、たくさん雪が降ると大変です。

まず、電車が動かなくなります。会社や学校に行けなくなったり、家に帰れなくなったりします。道路は雪で滑りますから、車や自転車の事故が起こったり、転んでけがをしたりする人がたくさんいます。

先日は、久しぶりに東京に大雪が降りました。子どもたちは、雪の中で楽しそうでした。わたしはとても寒かったのですが、子どもたちは全然寒くなさそうでした。わたしは大きな雪の玉を二つ作って、雪だるまを作ってみました。子どもたちが集まってきたので、一緒に作りました。大きな雪だるまができたので、そこに飾っておきました。

注. 雪だるま(ゆきだるま)③:(堆)雪人　　ころぶ(転ぶ)⓪:跌倒,打滚
すべる(滑る)②:滑　　　　　　　　　けが(怪我)②:受伤

練習A　文法練習

一、[例]　日本へ行く/新幹線に乗る

→　日本へ行ったら、新幹線に乗ってみます。

1. 北京へ行く/万里の長城に登る
2. パリへ行く/ルーブル美術館を見学する
3. 京都へ行く/着物を着る
4. 東京へ行く/スカイツリーに上る

二、[例]　このケーキはたぶん、おいしいと思います

→　このケーキはおいしそうです。

1. 3Dゲームはたぶん、おもしろいと思います。
2. 金さんはたぶん、優しいと思います。
3. 王先生はたぶん、厳しいと思います。
4. 藤原君はたぶん、頭がいいと思います。

三、[例]　荷物/落ちる

→　荷物が落ちそうです。

1. 看板/倒れる
2. 靴のひも/切れる
3. 袋/破れる
4. 涙/落ちる

四、[例]　星が出ています/あしたは晴れると思います

→　星が出ているので、あしたは晴れそうです。

1. マーボー豆腐を食べます/のどが渇きました
2. 今朝5時に起きます/眠いです
3. よく病気で休みます/彼は会社をやめると思います
4. 今年は夏が暑かったです/冬は寒いと思います

五、[例]　友達が遊びに来ます/掃除します

→　友達が遊びに来るので、掃除をしておきます。

1. あした、子どもの誕生日です/ケーキを焼きます

2. 午後から会議です/準備します

3. 来月、出張します/飛行機のチケットを予約します

4. パーティーがあります/飲み物を冷やします

練習B　会話練習

一、[例]　ズボン/はきます

→　A：すみません。

　　B：いらっしゃいませ。

　　A：このズボンをはいてみてもいいですか。

　　B：ええ、どうぞ。はいてみてください。

1. コート/着ます　　　　　　　2. このパン/食べます

3. 車/乗ります　　　　　　　　4. 曲/聞きます

二、[例]　あまりよくないです/景気が悪いです/給料も減ります

→　A：お久しぶりです。

　　B：お久しぶりです。

　　A：仕事の調子はどうですか。

　　B：あまりよくないですね。

　　　景気が悪くて、給料も減りそうです。

　　A：そうですか。

1. とてもいいです/景気がいいです/ボーナスが増えます

2. まあまあです/残業が少ないです/給料が下がります

3. あまりよくないです/残業がないです/ボーナスがゼロになります

三、[例]　会議/資料はコピーする/会議室/机を並べる

→　A:会議の準備はもう終わりましたか。

　　B:はい。資料はコピーしておきました。

　　A:会議室は?

　　B:机を並べておきました。

1. 出張/プレゼンの資料を送る/新商品/資料といっしょに送る
2. スピーチコンテスト/いすを並べる/マイク/出す
3. パーティー/食べ物を注文する/飲み物/冷やす

四、日汉翻译

1. 上海に行ったら、リニアモーターカーに乗ってみたいです。
2. 金さんが作った「宮保鶏丁（ゴンバオジーデイン）」はおいしそうです。
3. 劉さん、財布が出ている。落ちそうだよ。
4. この洋服は有名なブランドですから、高そうです。
5. 黄さんは先生に相談する前に、インターネットで調べておきました。

五、汉日翻译

1. 好不容易到了上海,不去外滩看看吗?（外滩:バンド）
2. 这次没有时间去京都了。
3. 小刘不知道怎么了,眼泪都快要出来了。
4. 北海道今天也下雪。看来明天还要下。
5. 去日本留学需要日语能力证明啊? 那得先考一个备着。

理解当代中国

　　团结就是力量,团结才能胜利。全面建设社会主义现代化国家,必须充分发挥亿万人民的创造伟力。全党要坚持全心全意为人民服务的根本宗旨,树牢群众观点,贯彻群众路线,尊重人民首创精神,坚持一切为了人民、一切依靠人民,从群众中来、到群众中去,始终保持同人民群众的血肉联系,始终接受人民批评和监督,始终同人民同呼吸、共命运、心连心,不断巩固全国各族人民大团结,加强海内外中华儿女大团结,形成同心共圆中国梦的强大合力。

　　习近平:《高举中国特色社会主义伟大旗帜　为全面建设社会主义现代化国家而团结奋斗——在中国共产党第二十次全国代表大会上的报告》(中华人民共和国中央人民政府 https://www.gov.cn/xinwen/2022-10/25/content_5721685.htm)

第15課

感謝のことばを忘れないように、きちんと挨拶します

場景 在话剧比赛中,小刘、小黄还有小金顺利通过预赛,向着冠军宝座进军。他们在渡边老师和王老师的指导下,坚持每天训练,全力以赴地备战。

I. 学習ポイント　文法機能・文型

1. 大学のホールが使えるかどうか、聞いてみます。
2. 大学ホールの修理が終わったので、あした午後から使用できるようになりました。
3. 会場の広さと同じぐらいの場所がどこにあるか知っていますか。
4. 渡辺先生は学生達に「ちゃんと挨拶をするように」と何度も言いました。
  「大学ホールは修理中」と聞いています。
5. 渡辺先生は、感謝の言葉を忘れないように、何回も言いました。

II. 基本会話

1. A：いよいよコンテストですね。あした、リハーサルをしましょう。
   B：はい。場所はどこにしますか。
   A：会場の広さと同じぐらいの場所がどこにあるか知っていますか。
   B：「大学のホールは修理中」と聞いていますが、あした使えるかどうか、聞いてみます。

2. A：大学ホールの修理が終わったので、あした午後から使用できるようになりました。
   B：それは良かったですね。
   A：じゃ、あした4時から大学ホールでリハーサルができますね。
   B：はい。よろしくお願いいたします。

3. A：「上有天堂，下有苏杭」はどういう意味か、日本語に訳さないと意味が伝わらないと思います。
   B：はい。「天上には極楽の天国がありますが、地上には美しい蘇州と杭州があります」と訳してみました。よろしいですか。
   A：はい。このほうが分かりやすいですね。

4. A：劉さん、最後のところは何を忘れたか、分かりますか。
   B：あ、挨拶。挨拶を忘れました。
   A：そうです。「ちゃんと挨拶をするように」と何度も言いましたよね。
   B：はい。分かりました。最後に、感謝の言葉を忘れないように、きちんと挨拶します。

III. 応用会話

（王老师和渡边老师在商量彩排的事情。）

渡辺先生：いよいよコンテストですね。あした、リハーサルをしましょう。

王　先生：はい。場所はどこにしますか。

渡辺先生：教室でもいいんですが、できれば、会場の広さと同じぐらいのほうがいいですね。どこかにそのような場所があるか、知っていますか。

王　先生：「大学のホールは修理中」と聞いていますが、あした使えるかどうか、聞いてみます。

（打电话）

王　先生：大学ホールの修理が終わったので、あした午後から使用できるようになりました。

渡辺先生：それは良かったですね。じゃ、あした4時から大学ホールでリハーサルができますね。

王　先生：はい。よろしくお願いいたします。

渡辺先生：こちらこそ、ありがとうございます。

（在大学礼堂进行彩排。）

王　先生：C組はまだ来ませんね。きょう、全員来るんですよね。

劉　さん：C組の三人は授業が4時までなので、ちょっと遅れるかもしれません。

王　先生：じゃ、来るか来ないか、確認してください。

劉　さん：はい。

（彩排期间）

王　先生：「上有天堂，下有苏杭」というセリフがありましたが、それはどういう意味か、日本人はその意味がわからないので、やはり訳したほうがいいと思いますね。

劉　さん：はい。「上有天堂，下有苏杭」と言いますが、つまり、「天上には極楽の天国がありますが、地上には美しい蘇州と杭州があります」と表現したらどうですか。

王　先生：はい。そのほうが分かりやすいですね。あとは「夢」と「ドリーム」のところは、もっと手の動きで表現したほうがいいです。そのほうが観衆にインパクトを与えると思いますよ。

みなさん：はい。分かりました。

渡辺先生：それから、最後のところは何を忘れたか、分かりますか。

黄　さん：あ、挨拶。挨拶ですね。

渡辺先生：そうです。「ちゃんと、きちんと、しっかりと挨拶」をするように何度も言いましたよね。

みなさん　：はい。すみません。最後に、感謝の言葉を忘れないように、きちんと挨拶します。

王　先生　：長い間、練習、お疲れ様でした。だいぶできるようになりましたね。あした、今までの練習成果を出して、良い結果になるように、頑張りましょう。

みなさん　：はい、頑張ります。

IV. 新しい単語

表記/読み/アクセント	品詞/意味
感謝(かんしゃ)①	[名・自他サ]感谢
言葉(ことば)③	[名]语言,语句,措辞
ホール①	[名]大厅
会場(かいじょう)⓪	[名]会场
広さ(ひろさ)①	[名]宽度,面积
場所(ばしょ)⓪	[名]场所,地点
修理中(しゅうりちゅう)⓪	[名]修理中
リハーサル②⓪	[名]彩排,排练
訳す(やくす)②	[他五]翻译
伝わる(つたわる)⓪	[自五]传,流传,传开
天上(てんじょう)⓪	[名]天上
極楽(ごくらく)⓪	[名]极乐,天堂
地上(ちじょう)⓪	[名]地上
確認(かくにん)⓪	[名・他サ]确认
観衆(かんしゅう)⓪	[名]观众
インパクト①	[名]冲击,冲突,效果
しっかり③	[副・他サ]紧紧地,牢牢地
長い間(ながいあいだ)②+⓪	[组]长时间

V. 学習ポイント解釈

1. [動]/[形]/[形動]/[名]かどうか

「～かどうか」表示就某事无法作出明确判断,「～かどうか」之前的动词多用[終止形][ナイ

形]等简体形式,形容词和名词可直接接续,形容动词则以词干的形式出现。

◆ 大学のホールが使えるかどうか聞いてみます。(我去问问大学礼堂是否能借用。)

◆ 今度のテストは難しいかどうか分かりません。(这次的测验不知道难不难。)

2. [動・終止形]ようになります/[動・ナイ形]ないようになります

「～ようになります」是"变得……""能……"的意思,表示能力、状况或习惯从一种状态变成另一种状态。

◆ 大学ホールの修理が終わったので、あした午後から使用できるようになりました。(大学礼堂修缮工作已经结束了,从明天下午开始可以用了。)

◆ 劉さんは日本語が上手に話せるようになりました。(小刘可以流利地说日语了。)

3. [疑問詞文]か

带有疑问词的疑问句作为整个句子的一部分,表示不了解这部分内容的意思。「か」前面的疑问小句必须是普通体。

◆ わたしは劉さんが今どこにいるか知りません。(我不知道小刘现在在哪里。)

◆ ビザの手続きをするとき、何が必要か教えてください。(请告诉我办理签证手续时,都需要些什么。)

4. [名1]は[名2]に「～」と聞きます/と言います

"～と聞きます""～と言います",都是引用别人说话内容的表达方式。"「 」"是日语中最常见的表示引用的符号,相当于中文的双引号。"「 」"内插入说话人所说或所问的内容,被问的对象要用格助词「に」表示。当"「 」"内的句子是普通体时,在不影响理解的前提下,"「 」"也可以省略。

◆ 王先生はみなさんに「お疲れ様です。」と言いました。(王老师对大家说:"辛苦了。")

◆ 金さんは劉さんに「日本のはどうですか。」と聞きました。(小金问小刘:"日本怎么样啊?")

5. [動・終止形]ように言います/[動・ナイ形]ないように言います

动词「終止形」或者「ナイ形」加「ない」后续「ように言います」,表示间接引用或传达对某事的

要求。表示传达的动词除了「言う」之外，还有「聞く・伝える・頼む」等。

- ◆ 王先生は劉さんにゆっくり**話すように言いました**。（王老师让小刘说慢一点。）
- ◆ 先生はあした**遅刻しないように言いました**。（老师说明天不要迟到。）
- ◆ 渡辺先生は、最後に感謝の言葉を**忘れないように**、何回も**言いました**。（渡边老师说了好几次，最后不要忘记说表示感谢的话。）

Ⅵ. 読みましょう

スピーチコンテスト

来月、日本語のスピーチコンテストがあります。わたしは出るかどうか悩んでいます。わたしはまだ日本語があまり上手ではありません。わたしは下手だと思っています。しかし、1年間勉強したので、どのくらい日本語が上手になったのか知りたいと思っています。

友達はスピーチコンテストには出たくないと言っています。スピーチするのをはずかしがっています。わたしも少しはずかしいです。でも、先生は「はずかしいことをたくさんして、日本語がだんだん上手になるんだよ。」と言いました。だから、わたしはスピーチコンテストに出たいです。でも、一人でスピーチコンテストに出るのは心配です。

とても心配だったので、先生に相談しました。先生は「一緒に練習すれば心配ではありませんよ。」と言いました。優勝できるかどうか分かりませんが、先生の応援がありますから、一生懸命頑張ります。

注．しんぱい（心配）⓪：担心，挂念

練習

練習A 文法練習

一、［例］ 大学のホール/使える/聞いてみる

→ 大学のホールが使えるかどうか、聞いてみます。

1. そのウーロン茶/甘い/飲んでみる
2. 劉さん/来る/分からない
3. チケット/ある/調べてみる
4. メール/届く/確認する

二、［例］ 日本語/話す

→ 日本語が話せるようになりました。

1. 大学ホール/使う
2. 漢字/読む
3. ピアノ/弾く
4. 自転車/乗る

三、［例］ 劉さんは今どこにいますか。（知りません）

→ （わたしは）劉さんが今どこにいるか、知りません。

1. 劉さんの誕生日はいつですか。（分かりません）
2. 渡辺先生はどこへ行きましたか。（分かりません）
3. 劉さんは誰と日本に行きましたか。（知りません）
4. バレンタインに何をあげればいいですか。（分かりません）

四、［例］ 王先生は「あした遅刻しないでください。」と言いました。

→ 王先生は、あした遅刻しないように言いました。

1. 渡辺先生は「きちんと挨拶をしてください。」と言いました。
2. 渡辺先生は「演劇の台本を書いてください。」と言いました。
3. 王先生は「早く電話を取ってください。」と言いました。
4. 王先生は「荷物を運んでください。」と言いました。

練習 B 会話練習

一、[例] 日本の見学/疲れる/話す

→ A:日本の見学はどうですか。

B:疲れました。でも、話せるようになりました。

1. プレゼン/大変/日本語で説明する
2. 中国の生活/最初は大変/生活できる
3. 中国料理/難しい/水餃子を作る
4. 日本語/難しい/楽しく学ぶ

二、[例] どこへ行きましたか

→ A:劉さんは?

B:出かけました。

A:どこへ行ったか、知っていますか。

B:いいえ、どこへ行ったか、分かりません。

1. 何時に帰りますか
2. いつ発表しますか
3. だれと行きましたか
4. 資料はどこにありますか

三、[例] 王:お先に失礼します。

田中:お疲れ様でした。

→ 王さんは、田中さんに「お先に失礼します。」と言いました。

→ 田中さんは、王さんに「お疲れ様でした。」と言いました。

1. 劉さん:お誕生日、おめでとうございます。

   藤原君:ありがとうございます。

2. 劉さん:ただいま。

   お母さん:お帰り。

3. 藤原君:夏休みはどこへ行きますか。

   劉さん:どこへも行きません。

4. 王先生:お正月は日本へ帰りますか。

   渡辺先生:いいえ。帰らないつもりです。

四、[例]　A:黄さん。

　　　　　B:何ですか。

　　　　　A:劉さんが① 体調が悪いので早退すると言っていました。

　　　　　B:そうですか。

　　　　　A:それから、② これを黄さんに渡すように言いました。

　　　　　B:分かりました。

1. ①熱があるので休みます　②王先生にレポートを渡してください

2. ①プレゼンが30日に変更になりました　②資料をコピーしてください

3. ①3時から会議をします　②この資料を中国語に翻訳してください

五、日汉翻译

1. 川南外語工商職業学院はコンテストで優勝したかどうか、分かりません。

2. 金さんも演劇のコンテストに参加できるようになりました。

3. 藤原君がどこへ留学に行ったか、分かりません。

4. 劉さんは渡辺先生に「優勝は先生のご指導のおかげです。」と言いました。

5. 渡辺先生は金さんにお酒を飲まないように言いました。

六、汉日翻译

1. 小刘还没有决定是否去日本留学。

2. 夏天到了,可以上富士山了。

3. 是否知道渡边老师元旦回日本了?

4. 王老师:"大家练习辛苦了。已经演得有点儿模样了。"

5. 渡边老师反复对学生们说一定不要忘记致谢。

 理解当代中国

　　以史为鉴、开创未来,必须不断推动构建人类命运共同体。和平、和睦、和谐是中华民族5000多年来一直追求和传承的理念,中华民族的血液中没有侵略他人、称王称霸的基因。中国共产党关注人类前途命运,同世界上一切进步力量携手前进,中国始终是世界和平的建设者、全球发展的贡献者、国际秩序的维护者!

节选自中国社会科学院日本研究所网"中日对照 | 习近平:在庆祝中国共产党成立100周年大会上的讲话"http://ijs.cssn.cn/xsyj/yanjiu/makesizhuyiwenzhang/202107/t20210708_5346193.shtml

词汇表

あ

挨拶 10
あいにく 11
アイパッドミニ 7
会う 2
合う 10
開く 4
空く 11
開ける 4
憧れ 12
朝ご飯 1
与える 9
暖かい 4
暑い 4
あっという間 10
集まる 11
アドバイス 12
あのね 9
アプリ 7
アルコール 11
アンパンマン 2
安心 12
言い方 11
言う 4
いかが 7
活かす 14
息 14
イケメン 14
いただく 5
炒める 11
1号棟 1
一生懸命 7
一石二鳥 4
一品 11
意味 4
嫌がる 12
印象 1
インターネット 7
インパクト 15
ウェブサイト 13
嘘 3
ううん 3
うきうき 4
動き 14
美しい 4
売り場 2
うるさい 10
嬉しい 4
え 10
影響 12
演劇 4
演じる 14
応援 3
欧米 12
大きさ 7
お母さん 3
お替り 11
置く 14
送る 1
行う 1
お仕舞い 4
遅い 11
落ちる 4
お父さん 3

大人 3
重い 7
重さ 7
オリンパス 6
及ぶ 8

か

開催 14
会場 3
顔 9
顔色 13
ガキ 14
ガキ大将 14
書く 9
各 14
学園 14
確認 15
風邪 5
家族連れ 12
必ず 5
辛い 10
烏 10
体 4
借りる 11
カレー 2
寒山寺 10
感謝 15
観衆 15
考え 13
考える 3
漢詩 10
頑張る 4

管理員　4	言葉　4	知る　4
期間　2	この間　5	実は　4
聞き慣れる　10	この辺　1	実用　13
聞く　3	困る　10	シンボル　8
期待　14	米　14	進路　13
貴重　2	今度　2	邪魔　8
きちんと　5		修正　14
切符　9		充電　14
決める　11	**さ**	修理中　15
切れる　14		終了　1
キロ　6	最近　3	受験　13
キャノン　6	最初　7	出場　14
休日　8	財布　4	準備　1
業界　12	サイン音　14	上演　14
気をつける　5	〜先　1	奨学金　13
緊張　5	咲く　4	商社　4
空港　6	桜　4	賞品　4
口に合う　10	笹　9	情報　13
組む　14	サザエさん　2	証明　13
暮らす　12	さっき　4	食事　9
クラス　14	寒い　5	女性　2
クラスメート　2	再来週　14	ショップ　5
来る　3	さらに　1	囧　9
苦労　1	騒ぐ　13	水ギョーザ　11
掲示板　14	爽やか　14	スーパー　5
けど　3	参加　1	水郷　10
結果　14	JLPT　13	過ぎる　13
結局　2	J.TEST　13	進む　12
建築　8	仕方　7	勧め　10
見聞　10	しかも　9	進める　1
恋　4	四川　11	勧める　9
公開　14	事前　2	すっかり　7
広告　10	時速　6	ずっと　6
高速　9	しっかり　15	砂　14
高鉄　4	実際　14	スライド　1
江南　10	室内　1	座る　11
購入　8	指導　5	寸劇　4
声　1	市内　6	成果　15
国内　13	質問　13	税関　6
極楽　15	芝居　4	請求　13
心強い　8	志望　12	政府　13
コツ　1	絞る　12	ぜひ　1
	霜　10	
	資料　13	

セリフ　14
選考　14
先日　13
先週　2
川南　14
先輩　5
相談　3
蘇州　9
卒業生　9
そのうち　10
それで　9
それなら　11
そんな　4

た

第一　2
大将　14
タイトル　14
台本　14
だいぶ　7
タイミング　11
ダイヤ　8
ダウンロード　7
タクシー　6
出し物　4
ただ　2
卵　14
単位　4
単語　14
団子　1
だんだん　4
チーム　14
小さい　5
近頃　5
地下鉄　6
地上　15
散る　4
チャレンジ　14
朝食　1
ちょうど　7
通過　14
使い方　7

使う　1
疲れる　12
月　10
次　4
突き当り　1
着く　8
伝える　14
伝わる　15
勤める　9
提示　8
手帳　4
手に入る　13
手料理　3
出る　2
天　10
電子　4
天上　15
電池　14
ドア　4
道具　4
唐詩　10
同時　4
動物園　9
通る　8
都会　10
得意　11
ところが　12
途中　2
ドリーム　14
鶏肉　11
どんどん　6

な

内定　10
内容　1
長い間　15
投げる　9
何より　7
名前　11
習う　10
何度　1
～にくい　7

ニコン　6
入学　13
入手　13
認定　13
ネット　11
眠る　13
能力　13
ノック　12
上る　8
乗り換え　6
ノンアルコール　11

は

歯　1
場合　12
パーティー　11
計る　14
運ぶ　4
場所　15
パスポート
はっきり　8
ぱっと　1
発表　4
話す　5
離れる
林　1
パワーポイント　1
番組　7
パンダ　9
反対　3
引く　5
必要　2
日々　15
暇　1
開く　11
ぴり辛　11
広さ　15
表現　14
ファン　2
増える　6
復習　5
無事　8

豚の角煮　2
物価　1
不便　2
降る　1
触れ合い　11
プレート　8
プレゼン　1
風呂　7
分野　12
方言　12
報告か会　1
方便　3
方法　5
ホームページ　1
ホール　15
歩行者天国　8
欲しい　2
香港　2

ま

麻婆豆腐　10
曲がる　1
真面目　5
また　12
まだ　4
間近　13
真っ黒　2
まっすぐ　1
全く　9
祭り　1
マナーモード　5
学ぶ　14
間に合う　9
ムサシ　8

迷う　2
周り　5
見える　14
磨く　1
短い　2
〜みたい　11
道　1
満つ　10
乱れる　8
麦　14
娘　3
無理　9
迷宮　2
迷惑　5
メーカー　6
メール　8
目指す　13
珍しい　2
目安　14
面接　4
もう　3
申し訳　8
もしもし　4
持ち時間　14
もちろん　4

ら

来年　12
ラジオ　5
利益　4
リズム　12
リニアモーターカー　6
リハーサル　15
量　14

両親　3
両方　7
歴史　10
連休　8
連絡　8
練習　1

や

焼ギョーザ　11
訳す　15
〜やすい　7
やはり　3
やめる　5
遊園地　2
夕べ　13
有利　12
有料　8
油断　8
ゆっくり　1
用意　14
ヨーロッパ　8
横浜　2
予定　9
呼びかけ　14
読み方　10

わ

分かる　1
忘れる　14
話題　13
渡辺　3
割引　5

扩展单词

第1课
予習	预习
終わる	结束
宿題	回家作业

第2课
ミスティック・ポイント	迷离庄园
グリズリー・ガルチ	灰熊山谷
貯める	存,存贮

第3课
祖父	祖父、外祖父
祖母	祖母、外祖母
同じ	相同的
庭	庭院,院子
転勤	工作调动

第4课
日記	日记
実家	父母家
豫園	豫园
バンド	外滩

第5课
カーテン	窗帘
スリッパ	拖鞋
本棚	书橱
こげ茶	深茶色

第6课
主人公	主人公
フェスティバル	节日、喜庆日
売る	卖

第7课
牛丼	牛肉盖浇饭
しゃぶしゃぶ	涮羊肉
鍋	锅,砂锅,火锅

第8课
マナー	礼仪礼貌
注意する	注意、留意
メッセージ	留言、消息
返事	回复、回信
既読	已阅
無視	无视

第9课
インフルエンザ	流行性感冒
検査	检查
咳	咳嗽

第10课
象	象,大象
サーカス	杂技

第11课
珍しい	罕见的,稀少的。
細かい	细小的,细微的
岩	岩石
伝統	传统

第12课
販売	销售,出售

焼きそば	日式炒面	坂	坡,坡道
タピオカ	珍珠奶茶	世界遺産	世界遗产
インスタ映え	在社交应用上分享镜头感十足的相片	幅	宽度,幅度
ドリンク	饮料	**第14課**	
プリプリ	富有弹性质感的	雪だる	(堆)雪人
ミルクティー	奶茶	転ぶ	跌倒,打滚
抹茶ラテ	抹茶拿铁	滑る	滑
		怪我	受伤,过失
第13課			
万里の長城	万里长城	**第15課**	
のろし台	烽火台	心配	担心,挂念

语法表

第1課
1. [動・マス形]ながら、〜
2. [形・形動な]/[名の]とき、〜
3. [動・子形]てから、〜
4. [名]を(通過)[動]
5. [動・テ形]ても/[名詞]でも、〜(極端例)

第2課
1. [名1]という[名2]
2. [動・普通体]＋[名](連体修飾)
3. [名1]は[名2]が好きです
4. [私]は[名1]が欲しいです
5. [名1]の中で[名2]がいちばん[形]/[形動]です

第3課
1. [動・マス形]＋たい
2. [名1](場所)へ[名2]/[動・マス形](目的)に＋行く/来る
3. [名]は[動](普通体)
4. [名]は[形](普通体)
5. [名]は[形動](普通体)
6. [名1]は[名2](普通体)

第4課
1. [名]が[動・自動]
2. [名]が[動・他動]
4. [名]が[動・テ形]あります
5. [形く]/[形動に]/[名に]＋なります
6. 〜。〜からです

第5課
1. [形く]/[形動に]/[名に]＋します
2. [動・終止形]/[動・タ形]たとき、〜
3. [名]の前に/[動・終止形]前に、〜
4. [名]の後で/[動・タ形]た後で、〜
5. [動・タ形]たり、[動・タ形]たりします

第6課
1. [名1]は[名2]より[形]/[形動]です
2. [名1]と[名詞2]と(では)＋どちらが[形]/[形動]ですか
3. [名1]より[名詞2]＋のほうが[形]/[形容詞]です
4. [名1]は[名詞2]＋ほど[形く/形動]ではありません
5. [名1]とか、[名詞2]とか

第7課
1. [動・マス形]方(かた)
2. [動・マス形]やすい
3. [動・マス形]にくい
4. [形]/[形動](語幹)さ
5. 〜し、〜

第8課
1. [動・テ形]てもいいです
2. [動・テ形]てもかまいません
3. [動・テ形]てはいけません
4. [動・ナイ形]なくてもいいです
5. [動・ナイ形]なくてはいけません
6. [動・ナイ形]なくてもかまいません

第9課
1. ～ので、～
2. ～のに、～
3. ～のです/んです
4. ～。それで、～
5. ～のは/のを/のが

第10課
1. [動]/[形]/[形動な]/[名]と思います
2. [動]/[形][形動]/[名]かもしれません
3. [動]/[形][形動]/[名の]はずです
4. [名1]は[名2]ができます
5. [動・タ形]たことがあります/ありません

第11課
1. [動・仮定形]/[形・仮定形]ば、～
2. [動・終止形]/[形]/[形動・語幹]/[名]なら、～
3. 動詞の「可能形」
4. [名1]は[名2]が　[動・可能形](能力)
5. [名1]は[名2]が　[動・可能形](状況)
6. [名]は[動・終止形]ことができます
7. 「なん」/「いつ」/「どこ」でも

第12課
1. [動・意志形]う/ようと思います
2. [動]/[形]/[形動]/[名]・(普通形)だろうと思います
3. [動・終止形]つもりです
   [動・ナイ形]ないつもりです

4. [動・連用形]たがります
5. [形・語幹/形動・語幹]がります
6. [動・終止形]ことがあります
   [動・ナイ形]ないことがあります

第13課
1. [動]/[形]/[形動]/[名]か、～か
2. [動][形][形動](タ形)＋たら、～
3. ～[動]と、～　[条件](発見)
4. [動・マス形]/[形・語幹][形動・語幹]すぎます
5. [動・ナイ形]なければなりません

第14課
1. [動・テ形]てみます
2. [形・語幹][形動・語幹]そうです(様態)
3. [動・マス形]そうです(瞬間)
4. [動・マス形]そうです(推測)
5. [動・テ形]おきます

第15課
1. [動]/[形]/[形動]/[名]かどうか
2. [動・終止形]ようになります/[動・ナイ形]ようになります
3. [疑問詞文]＋か
4. [名1]は[名2]に「～」と聞きます/と言います
5. [動・終止形形]ように言います/[動・ナイ形]ないように言います